싱귤래리티 투자자의 출사표 가치투자 4.0

싱귤래리티 투자자의 출사표

가치투자 4.0

류종현 지음

한국주식가치평가원

서문을 갈음하며

COVID-19가 전 세계의 경제환경은 물론 온 인류의 삶을 송두리째 바꿔놓기 시작한 지도 어느덧 두 해가 지나고 있다. 그 두 해 동안 지구의 모든 것들은 억겁의 시간처럼 느리게 흘러갔으나 한편으론 찰나의 순간처럼 많은 것들이 급격하게 바뀌어 버렸다.

인류 역사상 그 어느 때보다 강렬한 혼돈과 급격한 변동의 시기에, 그저 좋은 친구 하나 잘 둔 덕분에 내가 '오마하류 투자법인'을 만날 수 있었던 것은 참으로 다행한 일이 아닐 수 없다. 이제 나는 내 앞에 놓인 모든 걱정을 뒤로 하고 내 삶에 조금 더 집중할 수 있게 되었다. 마치 마술처럼 말이다.

그 마술이 무엇인지, 어떻게 그런 일이 별다른 특징도 없는 나 같이 평범한 사람에게 일어날 수 있었는지 궁금하신 분이라면 이번에 발간된 '오마하류 1호, 2호 투자법인' 류종현 대표이사의 신간 『싱귤래리티 가치투자자의 출사표, 가치투자 4.0』을 일독해 볼 것을 강력히 권유하는 바이다. 그 책에 모든 설명이 담겨져 있으니.

※ 추신 : 만약 내 인생의 후반부가 '오마하류 투자법인' Magic을 통해 드라마틱하고 아름답게 바뀐다면 그것은 전적으로 내 친구 '정군' 덕분이다. Thank you my friend!

㈜오마하류스노볼밸류(2호 법인, 이하 생략) 주주

김민준 (친구가 1호 법인 주주)

추천 기대평2

2년 전 류종현 대표의 투자조합 참여 기회는 갑자기 찾아왔지만, 그 기회를 받아들이는 나의 개인적인 준비시간은 망설임이 없었다. 그의 투자 능력과 시장을 바라보는 비범함, 저술과 교육경력은 이미 지난 십수 년간 증명되어 있었고, 농축되어 준비된 '오마하류 투자법인'의 투자 계획은 광범위하면서도 치밀했고 자신감과 신중함이 공존했으며, 주주가 되어야만 할 매력적인 요소가 충분했기 때문이었다.

실적과 신뢰로 다시 2년이 지난 지금, 비선형적 기울기로 성장하고 있는 그의 투자 통찰력을 엿볼 수 있는 기회가 생긴다니 같은 목표를 공유한 주주의 입장에서는 더없이 기쁜 일이며 본서를 통해 미래의

'글로벌 투자대가'와 함께 하는 기회를 얻는 '현명한 투자자'들이 많아졌으면 하는 바람이다.

㈜오마하류글로벌스노볼리서치(1호 법인, 이하 생략) 주주

김창우 (아들은 1호 법인, 부인은 2호 법인 주주)

추천 기대평3

워런 버핏!

세대, 지역을 모두 아우르는 현자이시고 그분이 행하고 현재까지 회자되는 실력과 실적, 초기 투자조합에 투자했던 그의 이웃, 지인들의 전설적인 수익률을 보면서 엄청, 많이, 정말로 부러워했습니다. 혹시 내 주변에는 이런 귀인, 기회가 없을까!

하지만 류종현 대표이사의 오마하류 투자법인으로 그 꿈을 이뤘습니다. 만약 이런 기회가 주어진다면 기꺼이 동참하시길 권해드립니다.

그리고 제 주변에서 국내외 주식과 코인투자 등을 활발히 하고 있

는데, 옆에서 지켜보면 훨씬 더 체계적으로 접근할 필요가 있는데... 하면서 안타까울 뿐입니다.

이를 충분히 채워줄, 〈가치투자 2.0 완벽가이드〉는 이번 책의 모태인 〈대한민국 주식투자 완벽가이드〉를 보건데, 이에 부합하는 지침서가 될 것입니다. 싱귤래리티 가치투자 4.0의 개념 역시 저도 기대됩니다.

㈜오마하류글로벌스노볼리서치 주주

석준식 (동생은 2호 법인 주주)

류종현 대표와 오마하류 투자법인을 알게 된 것은 제 인생의 가장 큰 수확 중의 하나일 것입니다. 첫째 기하급수적인 실적을 보이는 흔치 않는 투자대상을 알게 되고, 둘째 최종적인 투자의사결정까지 내리는 것은 운과 노력 모두가 결합되지 않으면 이뤄지기 힘든 것이기 때문입니다. 오마하류 투자법인에 투자하는 것은 젊은 시절의 버핏에게 투자하는 것과 같다고 생각합니다.

이러한 오마하류 투자법인을 이끄는 류종현 대표가 "싱귤래리티" 를 향해 움직이는 최근 기술산업 혁명의 정수를 깨닫고 업그레이드된 가치투자의 세계와 투자기회를 소개한다 하니 그 기대가 크지 않을 수 없습니다. 이 책을 계기로 많은 사람들이 가치투자 4.0을 접할 기회를 갖기 바랍니다.

㈜오마하류글로벌스노볼리서치 및 ㈜오마하류스노볼밸류 주주

윤현호 (부부가 두 법인 동시주주)

추천 기대평5

수년 전 류종현 대표이사의 첫 저서 〈대한민국 주식투자 완벽가이 드〉를 접하고 투자에 대한 그의 통찰력에 깊은 인상을 받았었다.

당시 그 책은 내게 투자자의 자세와 기업가치에 대한 평가체계를 확립하는데 하나의 이정표가 되었다. 또한 이를 계기로 2019년 11월 오마하류 투자법인 1호의 주주가 되었고, 2021년 초에 2호 법인을 친 족들에게 소개한 결과 그들도 주주가 되기로 결정하고 주주가 되었다.

이제 다시 신간 〈싱귤래리티 가치투자자의 출사표, 가치투자 4.0〉
이 나온다니, 류 대표가 제시할 비전이 기대된다.

㈜오마하류글로벌스노볼리서치 주주

장규식 (친족들이 각각 1호 혹은 2호 법인 주주)

CONTENTS

★ ★ ★

CHAPTER 2. 싱귤래리티 투자자의 가치투자 4.0

독자들께

가치투자 2.0 완벽가이드

정통가치투자 원칙과 철학

★ ★ ★

VALUE INVESTMENT

01 주식투자와
투자관

주식투자와 주식거래의 차이

거래와 투자는 엄연히 다른 개념입니다. 거래는 비교적 시간차를 두지 않고 팔아야만 하는 것, 소유하는 부담을 지지 않고 팔아야만 하는 것을 말하고, 투자는 시간차를 두고 그 가치가 상승할 때까지 기다려서 상당히 가치가 상승한 후에 팔거나, 혹은 지속적으로 가치가 상승할 것을 기대하고 아예 중장기적으로 보유하는 것을 말합니다.

개인 및 기관투자자들께 투자의 개념을 정확하게 전달하기 위해 쉽게 표현하는 말로, 주식투자로 돈을 벌려면 자산의 최종형태가 현금이

어시는 곤란하다고 자주 이야기합니다.

위 말을 이해하기에 앞서 우선 주식 자산의 본질에 대해 설명드리자면, 주식은 예금보다 위험자산으로 알려져 있지만 그것은 어디까지나 상대적인 정도에 불과한 것이지, 어떠한 원칙이나 인과관계도 없이 그야말로 순수하게 불확실한 위험자산은 전혀 아닙니다. 모르면 모를수록 그렇게 오해들을 하시지만 주식은 절대 그렇지 않습니다.

주식자산의 위험이란 시장 전체의 위험인 체계적인 위험과 개별주식의 위험인 비체계석 위험으로 나뉩니다. 체계적인 위험은 주식시장 전체가 거시경제 악화 등의 영향으로 급락할 위험을 이야기하며, 이러한 위험은 영원토록 점점 커지거나 점점 작아지는 것이 아니라, 일정한 시간을 두고 호전되었다가 악화되었다가를 반복하는, 즉 순환하는 것이므로 주식투자로 지속적이고 장기적인 큰 수익률을 달성하기 위해 주요한 요인은 아닙니다.

한편, 비체계적 위험은 개별 기업의 사업실적, 전망이나 재무상태의 악화 등으로 주가가 하락하는 것으로, 투자자가 관심기업의 사업구조와 재무손익을 이해하는 것으로 중장기적으로 그 위험을 거의 제거할 수 있습니다.

즉, 주식투자자의 수준별로 체계적 리스크와 비체계적 리스크를 더한 주식투자의 전체 리스크 크기는 다를 수가 있으나, 불안하고 원인결과가 명확치 않은 로또식의 일확천금 주식거래가 아니라, 자신이 비교적 잘 아는 범주 내에서 인과관계가 명확한 형태로 주식투자수익을 내려고 한다면, 결국 주식이라는 자산에 익숙해져야 하고 잘 알아야 한다는 것이지요.

다시 말해서 주식투자자의 개인별 목표자산의 크기는 무관하지만, 목표자산의 형태는 주식이 되어야 합니다. 어떻게든 불안불안해서 언제든지 현금화할 것을 염두에 두고 있을 정도로 주식을 자연스럽게 받아들이고 있지 않은데, 어떻게 주식을 보유하는 과정에서 물 흐르듯이 돈을 벌 수 있겠습니까.

전체적으로는 이해가 가면서도 언뜻 실제로 그렇게 하기는 어려울 듯이 느껴지겠지만, 주식투자, 특히 가치투자의 체계를 정통으로 잘 배우고 공부할수록 더욱 이해하게 될 것이며, 실제 투자활동과 수익활동도 그렇게 변하게 됩니다.

투자관

개인투자자가 시장수익률을 따라가지 못하는 큰 원인 중에 손실혐

오라는 개념이 있습니다.

손실을 피하려고 할 때는 돈을 잃을 위험도 무릅쓰지만, 확실한 이익을 손에 넣을 수 있는 기회가 앞에 있을 때는 위험을 외면하게 되는 인간의 심리적 현상입니다.

즉, 주가가 떨어지고 있는 종목은 확실한 분석도 없이 언젠가는 오를 것을 막연히 기대하며 차마 손절매를 하지 못하고, 주가가 상승하고 있는 종목은 추가적인 상승여부를 계산하기보다는 현재의 이익을 확정하기 위해 매도하는 경우입니다.

투자관에 대해서 우선 개념을 잡아드리고자 우선 손실혐오 개념 사례를 들었습니다만, 아래 말을 한 번 보십시오.

'주식시장이 장기적으로는 우상향하므로 낙관적인 견지를 유지해서 주가가 떨어지더라도 쉽게 팔아서는 안 된다.'
'훌륭한 투자자란 주가가 내려가더라도 흔들리지 않고 주가가 상승할 때까지 끝까지 감내하는 인내심이 필요하다.'

좋은 말들입니다. 주식투자를 잘해보려고 여기저기 기웃거리고 책 좀 읽어보았다면 아마 한 번쯤 들어보지 않았을까 합니다. 하지만, 중요한 전제가 없다면 위 두 말은 모두 틀렸습니다. 즉, 올바른 투자관이라고 말할 수만은 없습니다.

왜 손실혐오가 발생할까요? 왜 더 오를 주식을 미리 팔아버리고, 더 내릴 주식을 못 팔고 보유하는 것일까요? 정말 그것은 심리적인 문제나 태도, 인내심에 국한한 것일까요?

그렇지 않습니다. 투자관의 근저에는 가장 대원칙이 자리잡고 있는데, 그것은 인내심이나 낙관론에 대한 것이 아닙니다.

그것은 '아는 것' 입니다. 아는 것이 제일 우선한다는 말입니다. 필립피셔와 워런버핏이 등장하면서 더욱 훌륭한 투자체계로 발전했기는 하지만, 과학적인 투자의 아버지로 불리는 벤저민 그레이엄이 이렇게 말했습니다.

"투자란 철저한 분석에 바탕을 두고 투자원금의 안정성과 적절한 수익성을 보장하는 행위를 말하며, 이 같은 안정성과 수익성을 충족시키지 못하는 행위는 투기라고 말할 수 있다."

제일 먼저 나오는 단어가 눈에 들어오시는지요? 바로 철저한 분석입니다.

투자관의 근서에는 우선 분석을 통해 그 가치와 가치성장률을 알아야 한다는 전제가 있습니다. 그 적정가치를 알아야 주가가 내려갔을 때 향후 적정가치에 접근하면서 기대수익률이 얼마나 되는지를 알 수 있고, 주가가 올랐을 때 향후에도 어느 정도의 속도로 가치성장률을 따라 계속 주가가 오를지를 판단할 수가 있는 것입니다. 그런 연후에야 비로소 인내심과 훌륭한 투자태도가 빛을 발하는 것입니다.

즉, 투자관은 지식에서 출발합니다. 지식 없이는 불안하기 때문에 결국 지식이 없는 훌륭한 투자태도란 언제 무너질지 모르는 사상누각일 뿐입니다. 투자관에 필요한 가장 중요한 지식은 가치평가입니다. 이른바 주식가치평가, 즉 기업의 사업과 재무손익을 분석하고 적정한 가치를 평가하는 체계가 되겠지요.

주식가치평가의 수준별 단계는 세 단계입니다.

우선 관심기업의 재무제표 이해와 유형자산, 재고자산 등 자산항목별 실질 조정을 통해 알 수 있는 순자산가치 계산이 첫 번째 단계입니다. 단순히 현재의 가치와 주가(가격)와의 괴리율을 계산하는 것이지요.

주식가치평가의 두 번째 단계는 현 트렌드 하에서의 주력 제품 및 서비스 분석과, 경영진의 자본배분에 의한 수익가치 산정입니다. 우선 기업이 속한 업종 히스토리와 상황, 기업의 제품 및 서비스의 경쟁력과 이익률 등을 분석하고, 중장기에 걸친 경영진의 자본배분능력 혹은 재투자능력(벌어 놓은 돈을 수익자산에 재투자하는가)을 파악합니다. 다음으로 지난 재무상태와 실적에 대한 유기적인 분석을 통해 향후 재무상태와 실적을 추정하고, 적정한 주식가치를 평가하는 단계입니다.

수익성장주 가치평가라고 하는 편이 가장 적당할 것 같습니다. 현재의 가치와 주가 사이의 괴리율뿐 아니라 주식의 수익성장률까지 계산함으로써, 투자자가 싼 값에 사서 비싸게 파는 첫 번째 옵션과 소유하는 기간 동안 복리수익까지 올릴 수 있는 두 번째 옵션 등 복합수익률을 달성하는 단계입니다.

세 번째 단계는 기술변화 등 중장기 트렌드 변화에 대응하여 아이템(제품, 서비스)을 지속적으로 창출하고 자본을 효율적으로 배분하는 능력, 즉 기업의 혁신능력까지 분석하여 장래에 창출한 현금흐름을 대략 파악하는 성장가치 산정입니다.

말이 조금 어려운데, 주력 제품을 지속적으로 창출하는 경영진의 전략기획 능력, 주력제품의 성공적인 수익창출을 위한 비용통제 능력,

창출한 수익을 효율적으로 활용하여 다음 세대의 제품개발에 투자하는 자본배분 능력 등 크게 세 가지 영역을 통해 미래에 창출될 현금흐름까지 추정하는 분석능력으로써, 필립피셔의 기업분석 영역에 이른다고 하겠습니다.

1단계, 2단계, 3단계 구분할 필요 없이 일단 적정주가를 계산할 줄 알게 되면 가치투자를 아는 것이며, 비로소 투자태도가 빛을 발하게 됩니다.

첫 번째 단계에서 정통한 대가들은 벤저민 그레이엄, 월터 슐로스 등이 되겠지요. 그래서 벤저민 그레이엄식의 올바른 투자태도란, 내재가치 이하로 거래되는 주식을 다수 선정해서 분산투자하는 것입니다.

소수의 몇 개 주식에 확신을 갖고 집중투자하기보다는 분산투자를 통해 기업이 망할 수 있는 리스크를 보완하고, 투자기업의 주가가 내재가치로 접근하면 가차없이 팔아버린다는 원칙을 철저히 지켜야 하는 것입니다. 실제로 극도로 저평가된 주식 중 아주 일부는 상폐되기도 하고, 경쟁력이 떨어지는 기업의 경우 시간이 지나도 기업가치 자체가 별로 상승하지 않기 때문이지요.

한편 세 번째 단계까지 갈 수 있는 능력이 있어도, 보수적이고 편안한 투자를 위해 두 번째 단계에서 주로 투자를 구사해온 워런버핏이 평생 간직하고 있는 두 가지 원칙은 아래와 같습니다.

"절대로 손해보지 말 것, 절대로 손해보지 말아야 한다는 원칙을 절대로 잊지 말 것."

여러분들이 일상적인 소비생활에서 손해를 보지 않으려면 원래 정가 혹은 적정한 가격을 알아야겠고, 그 가격보다 싸게 사거나 최소한 비싸게는 사지 말아야 할 것입니다. 바로 그것이 버핏의 투자관이 시작하는 부분입니다.

버핏의 투자관은 매우 단순하다고 어떤 사람들은 말합니다. 버핏이 주주총회 등을 빌어서 단순하게 이야기하기 때문이겠지요. 하지만 결코 간단하지는 않다는 것을 모르는 모양입니다.

아인슈타인도 말했습니다.

"단순한 게 좋다. 단순한 게 가장 좋다."

그러나 단순한 결론이 나오려면 혹은 단순한 도구로도 충분하려면, 이미 그 내공이 깊어야 한다는 것은 누구라도 어렴풋이 알 수 있습니다. 몰입-확산-수렴의 단계, 즉 관심을 갖고 많은 것을 익힌 후 그것들을 단순화해서 이해하는 수준에 이를 때 어떤 분야든 진정한 전문성이 구축되는 것입니다.

"우리가 하는 일은 보통 사람들의 능력을 뛰어넘는 것이 아니며, 많은 이익을 얻기 위해 특별한 능력이 필요한 것도 아니다." 라고 버핏이 말한 적이 있습니다.

그 말은 자신의 능력 범위와 일반 상식에 근거하여 투자를 한다는 것입니다. 다만, 우리는 독서광이기도 한 버핏이 스스로의 능력 범위와 일반상식을 늘리기 위해 부단한 노력을 했다는 것도 잊지 말아야 할 것입니다.

그럼 세 번째 단계에서 텍사스인스트루먼트 등 여러 기업에 오래도록 투자했던 필립피셔의 투자관은 어떨까요?

그는 다른 사람들이 자신의 의견에 동조하는지가 중요한 게 아니라 자신의 기준에 맞게 철저히 조사를 한 다음 투자를 했는지가 중요하다고 강조합니다. 또한 그가 주식을 팔 때는 투자한 회사가 더 이상 자신의 기준에 맞지 않거나, 자신이 내린 최초의 판단이 틀렸다는 사실을 발견할 때뿐이라고 말합니다.

소수의 기업에 집중하여 투자하는 투자자의 경우, 자신의 분석 기준들이 옳아야 하고, 그 기준에 따라서 철저하게 검증한 후 판단해야 하고, 그럼에도 불구하고 자신의 판단에 대해 간헐적으로 회의적인 질문을 던져야 하는 것입니다.

요컨대 투자자의 투자관이란, 주식을 분석하고 적정한 가치를 평가할 줄 아는 최소한의 지식을 갖추고, 적정주가에 비해 낮은 가격으로 주식을 매입하며, 자신의 투자성향에 따라 분산투자 혹은 집중투자를 하되 각 스타일에 가장 적합한 원칙을 지키고, 자신이 틀릴 수 있음을 언제나 인식하여 잘못된 투자라고 판단되면 지체없이 그것을 인정하는 것, 그리고 투자와 직접적, 간접적으로 관련된 것들을 배우고 공부하는 것, 그 정도라고 할 수 있겠습니다.

마지막으로 가치투자와는 거리가 있지만 나름의 훌륭한 거래철학을 지닌 조지 소로스가 중요하게 여기는 은사의 교훈, "열린 사회와 그 적들"로 유명한 철학자 칼 포퍼 교수의 교훈을 함께 읽어볼까 합니다.

"개방적인 사회를 거부하는 전제적인 이데올로기는, 궁극적인 진리를 가질 수 있다고 주장한다는 점에서 논리적인 오류를 가질 수밖에 없다. 인류 사회는 인간이 오류를 범할 수 있다는 점을 인식할 때만 진보하며, 궁극적인 진리를 독점할 수는 없다."

02 투자대상 기업선별

저평가 주식의 장점과 한계

이달의 저 PBR 종목, 저 PER 종목 등은 지금 싼 주식을 이야기합니다. 그런데, 자본의 수익성인 자기자본이익률(ROE)이 떨어지면 자연스럽게 주가가 낮게 형성되어 저 PBR주가 되고, 지속성과 안정성, 성장성 등 이익의 질이 떨어지면 자연스럽게 주가가 낮게 형성되어 저 PER주가 됩니다. 즉 자본의 수익성이나 이익의 질이 원래는 지속적으로 좋은 편인데 일시적으로 악화되어 주가가 급락한 저평가 상황이라면 투자해야 할 시기일 수 있지만, 그렇지 않고 원래 자본수익성이나 이익의 질이 좋지 않다면 투자매력이 없는 것입니다. 즉, 겉으로는 싸

보이지만 그러한 기업의 주식을 오래 보유할수록 실제 기업가치상승률이 매우 낮기 때문에, 기대수익률이 시간이 갈수록 점점 낮아지므로 실제로는 싸지 않을 수 있는 것입니다.

실제로 기업내용이 매우 좋지 않은 주식을 매수할 경우 향후 주가가 지속적으로 떨어지거나 심지어는 상장폐지되는 경우도 발생하지만, 혹 저평가된 주식 중 재무안정성 측면에서 본질적으로 좋은 주식에 투자한다고 할지라도, 가치상승률이 낮다면 오직 1회성으로 수익을 낼 수 있을 뿐입니다.

즉, 안정적인 기업이라 할지라도 가치상승률 자체가 시장평균(대략 10%) 이하의 기업일 경우, 주가가 올라 적정가치에 이르면 재빨리 매도하고 또 다른 저평가된 주식을 사야만 하기 때문에, 수익을 어떻게든 낼 수는 있으나 무한히 반복하여 발품을 팔아야 하는 법입니다.

가치상승률이 높은 기업을 선별하는 데에는 일정한 지식과 기술을 요하지만, 일단 좋은 기업들을 선별해서 기다리다가 주가가 일시적으로 하락할 때 한 기업씩 싼 가격에 매입할 경우, 최소한 기업가치상승률 이상의 누적수익률을 가져가게 됩니다. 그러한 여러 기업을 가지고 장기 보유할 수도 있고, 기업간에 비중을 조절하면서 장기 보유할 수도 있고, 중장기적으로 반복하여 매수매도하는 등의 응용방법도 가능합니다.

스노우볼(채권형) 종목

스노우볼 종목이란, 채권수익률처럼 장기적으로 안정적인 누적수익률을 주는 주식을 이야기합니다. 장기적으로 채권수익률처럼 안정적이어야 하므로, 가치상승률이 매년 똑같지는 않더라도 영업사이클 전체를 기준으로 했을 때 평균적인 가치상승률을 오래 유지할 수 있어야 합니다.

다만, 한 기업에 투자하는 두 가지 형태 중 부채에 해당하는 채권이 아니라 자본에 해당하는 주식을 이야기하고 있으므로, 연평균 수익률 자체가 채권처럼 6~8%가 아니라 15~25% 정도, 혹은 그 이상이 되는 주식을 일반적으로 채권형 주식이라 이야기합니다.

스노우볼형 종목인가 아닌가를 선별하는 포인트를 개략 나열하면, 재무손익분석(양적 분석)을 통해 과거로부터 현재까지의 수익창출능력이 좋아야 하며, 제품 및 서비스의 경쟁우위와 기술력, 원가우위 등 질적 분석을 통해 독점 혹은 과점 상태가 지속가능해야 합니다. 양적분석은 스노우볼 기업이 되기 위한 수치를 이야기하며, 질적분석은 스노우볼 기업이 되기 위한 기업내적인 역량을 이야기합니다.

금상첨화, 성장기업

성장기업에 대해서 언급하기 전에, 우선 현재까지의 성장성을 향후에도 유지하는 기업과 현재까지와는 다른 폭발적인 성장성을 보이는 기업 등 두 가지로 성장기업을 구분하고자 합니다.

현재까지의 성장성을 향후에도 유지하는 성장기업의 핵심포인트는, 사업적으로 높은 이익률을 유지하는 것과, 벌어놓은 자본을 유사한 수준의 수익자산으로 재투자하는 능력입니다.

사업적으로 높은 이익률을 유지하는 기업을 선별한 경우, 중장기적으로 유지가능한 자본수익률(ROE)을 해당 기업의 적정한 할인율로 나누어 적정 PBR을 산정할 수 있습니다. 다만, 기업의 유지가능 ROE를 산정하는 법과 기업별로 리스크에 따른 적정할인율을 산정하는 법은 국내에서 한국주식가치평가원의 투자교육 외에는 배울 수 없고 그 내용이 어려우므로, 일단 유지가능한 ROE가 높고 기업의 리스크가 적을수록 적정주가가 높아진다는 것만 이해하시면 됩니다.

사업적으로 높은 수익성을 유지하는 것 뿐 아니라 벌어 놓은 자본을 유사한 수준의 수익자산으로 재투자하는 능력까지 보아야 하는 이유는, 재투자능력이 바로 기업의 중장기 수익성과 성장성을 결정하는 요소이기 때문입니다.

기업의 재투자능력이 좋아서 수익사업에 지속적인 투자를 할 경우, 당연히 그 기업은 기존의 수익성을 오래도록 유지하면서 지속적으로 성장까지 할 수 있고, 재투자능력이 중장기적으로 낮은 수준일지라도 배당을 적극적으로 할 경우에는, 성장성은 떨어지더라도 그나마 수익성은 유지하는 기업에 해당합니다.

그러나 재투자능력도 없으면서 배당까지 하지 않는 기업의 경우 수익성과 성장성이 모두 점차 감소하여, 투자자에게 있어서 주식으로 복리수익을 내기 매우 어려운 투자부적격 기업이라고 할 수 있습니다.

한편, 현재까지와는 다른 성장성을 향후에 보일 고성장기업은 소속업종 자체가 신성장 업종인 경우에 해당합니다. 이러한 기업의 경우 소속업종 자체의 시장수요 성장률과 시장에서 해당 기업의 시장점유율이 중요한 요소입니다. 소속업종 자체의 수요성장률이 크면서도, 기업의 시장점유율이 높게 유지된다면 가장 좋은 경우라고 하겠습니다.

예를 들면, 에너지협회 및 에너지신문 등에 기재된 에너지 원천별 수요성장률을 참고하여 태양광시장의 장기(단기는 의미가 적음) 수요성장률을 판단하고, 해당 시장에서 투자대상 기업의 현재까지 시장점유율 추이와 경쟁력 등을 바탕으로 향후 점유율을 추정합니다. 그리고 시장의 고속성장이 멈춘 시기, 예를 들면 4~8년 정도 시장이 고속성장한 후 안정화된 상황에서 시장전체수요에 해당기업의 점유율을 곱하여 매출액을 구하고, 이하 주요한 비용차감에 따른 미래이익을 산출한 후, 산출된 미래이익을 현재가치로 할인하여 적정주가를 산정할 수 있습니다.

우량한 유망기업의 요건

그렇다면 우량한 유망기업이란 어떠한 특성을 지니며, 어떻게 선별해야 하는지 정통가치투자자의 입장에서 한 번 알아볼까요.

1. "미국에서 개인이 모은 가장 큰 재산은 50개 기업으로 구성된 포트폴리오로 형성된 것이 아니다. 오직 하나의 탁월한 사업을 알아본 사람에 의해 가장 큰 부가 완성되었다."

워런버핏의 위 말은 표면적으로만 읽으면 버핏이 투자보다는 사업에 중점을 두고 말한 것이 아닌가 하는 생각이 들 수도 있지만, 가치투자의 관점에서 해석하자면 장기적으로 엄청난 수익률을 선사하는 우량기업은 사실상 사업다악화를 하지 않는 기업임을 내포하고 있습니다.

꼭 워런버핏의 말뿐이 아니라 제가 보는 위대한 기업의 정의도, 수요자의 마음을 지속적으로 사로잡거나 자사의 제품을 구매할 수밖에 없는 여러 가지 형태의 강점을 오래도록 유지하며, 경쟁사 대비 확고한 경쟁우위를 갖추고 높은 수익성을 유지하는 기업입니다.

주력사업이 아닌 다른 영역으로 눈을 돌려 엄청난 돈을 잃는 사업 다악화 기업에 투자하기보다는, 본업에서 탁월한 경쟁력과 수익력을 보여주는 기업이 장기적 투자대상이 되는 알짜 기업들이라는 것은 당연한 것입니다.

왜냐하면 본업과 시너지가 나기 힘든 분야, 하필이면 노하우가 부족한 신규사업에 뛰어드는 '다악화 의사결정'은, 본업 자체에 충실하고 집중하거나 시너지가 나는 유사부문에 진출하는 의사결정과는 달리, 소요비용도 크고 불확실성도 크기 때문입니다.

우선 비용이 많이 듭니다. 추가적인 투자가 별로 필요하지 않으면서도 시장점유율과 이익률이 점점 높아지는 기업이 주주의 이익, 즉 최종적으로 당기순이익을 많이 남길 수 있고 더욱 늘릴 수 있다고 한다면, 신규사업 진출의 경우 지금까지 해온 사업부문과는 별도의 설비와 인력, 기타 신사업에 필요한 직간접 자원을 추가적으로 확보해야 하는 것입니다. 게다가 해당 산업에 이미 존재하는 강력한 기존 기업들의 여러 가지 경쟁우위에 대항해서 앞으로 치열한 전쟁을 치러야 하는 것이지요.

기존 플레이어가 있는 시장에서 신규진입자가 거쳐야 할 과정은, 시장점유율을 일정수준까지 끌어올리기 위해서 적정마진을 포기한 출혈마케팅 혹은 출혈제조판매가 될 가능성도 많습니다.

모든 개구리가 왕자가 되는 것은 아니기 때문에, 왕자가 될 것 같은 착각이 드는 개구리에게 키스하지 말고 진짜 왕자에게 키스하는 것이 보편적인 투자원칙이 되는 것이지요.

2. "기초 체력이 부실한 기업은 한 가지 문제를 해결하고 나면 곧 또 다른 문제에 봉착한다."

바퀴벌레를 한 마리 발견한다면 그것이 끝이 아니라 더 많은 바퀴벌레가 있을 것이라는 투자격언이 있습니다.

기업은 돈을 버는 하나의 집단이자, 활동을 하는 유기체에 가깝습니다.

저는 강의를 할 때 쉬운 이해를 돕기 위해서 기업을 사람에 비유하기도 합니다. 대개 열심히 일하고 잘 먹고 잘 쉴 때 사람은 건강합니다.

그러나 그렇지 않을 경우 사람의 건강에 이상이 생길 수 있고, 아니나 다를까 병원에 가면 질병을 진단받게 됩니다. 그러나 대개의 질병은 단순하게 개별적인 질병으로만 존재하는 것이 아니라, 그 질병의 오랜 원인이 있고 질병의 현재 상태, 그리고 해당 질병이 미치는 1차, 2차적인 악영향 등이 있습니다.

무슨 말인가 하면 간에 좋지 않은 병균이 많이 생겼다고 하면, 그것에는 과음이라든지 스트레스라든지 하는 하루아침에 설명하거나 제거할 수 없는 원인이 있을 것이고, 간에 들어온 병균이 다른 장기에 악영향을 끼치거나 다른 징기로 향후 번질 수도 있는 것입니다.

기업도 마찬가지입니다.

정상적으로 시장을 미리 잘 읽어 선행투자 혹은 선행 제품개발 등에서 업계를 선도하고, 조직적인 구매력과 제조 생산성 향상의 과정에서 비용을 절감하며, 자신에게 맞는 유통채널에 집중해서 마케팅과 프로모션 등을 통해 판매수량뿐 아니라 판매단가까지 올리면서 매출을 끌어올리고 정상적으로 현금을 회수하는 경우, 그 기업은 훌륭한 기업으로 아무런 탈 없이 잘 지냅니다.

그러다가 경영활동사슬(체인) 중 어느 한 단계에서 문제가 생기게 됩니다. 그 문제는 기업이 견딜 수 없는 임계치에 도달할 때까지 주식투자자 등 외부인의 시야에서는 잘 보이지 않다가, 임계치를 넘는 순간 외부인에게 감지됩니다.

이는 대개 어떤 수치가 좋지 않게 나오는 경우에 해당하는데, 예를 들면 전방산업의 현금사정이 좋지 않거나, 경쟁사에 의해 당사의 제품의 밀리기 시작하는 신호가 매출채권(외상매출)이나 재고자산의 급격한 상승으로 나타나고, 이로 인해 매출채권회전율, 재고자산회전율이라고 하는 재무비율이 악화되는 것입니다.

예를 들어 매출채권회전율이 낮아지는 현상이 일시적이지 않고 지속적으로 유지될 경우, 이러한 현상의 앞단계에는 제품의 품질대비 가격에 문제가 생겼거나, 디자인의 진부화 문제, 혹은 보다 더 근본적인 소비자나 기술적 트렌드를 따라가지 못하고 있는 문제가 있을 수 있고, 이러한 현상의 뒷단계에는 매출채권만 지속적으로 증가하여 현금을 회수하지 못하는 유동성 부족이 버티고 있는 것입니다.

여기서 더 근본적인 악재로 옮겨가는 경우를 보면, 유동성 부족 때문에 자꾸 급한 불을 끄려 하다 보니 기업경영활동의 사이클이 짧아지게 되고 나아가서 경영자의 시야가 선행투자전략보다 대응전략 쪽으로 치우쳐서, 이 위기를 어떻게 넘긴다고 하더라도 그 다음 주기의 시장이 요구하는 아이템을 경쟁사보다 뒤처져서 출시하게 된다는 것입니다.

결론적으로, 무언가 좋지 않은 신호가 지속적으로 발생하고 있다면 해당 신호를 보이는 지표뿐 아니라, 그 지표가 악화된 원인에 해당하는 기업 활동을 해석하고, 악화되고 있는 해당 지표가 야기할 수 있는 기업의 미래 시나리오를 그려봐야 하는 것입니다.

왜냐하면 기업에는 문제가 없는데 단순히 주가만 변동한 것이 아니라, 비록 바퀴벌레는 한 마리만 발견되었을지라도 정말 기업활동이나 실적 면에서의 바퀴벌레인 것이 확실하다면, 아직 수많은 바퀴벌레가 숨어있기 때문입니다.

제가 하루 벌어 하루 먹고사는 기업으로 표현하는 기업들은, 소비자나 기술변화에 매우 민감하게 대응해야만 생존 자체가 가능하고, 이익확장이 아니라 단지 이익유지를 하기 위해서도 기본적으로 지속적인 설비투자와 연구개발이 필요한 기업들입니다.

또한 점유율이 낮아서 마진을 매우 적게 가져갈 수밖에 없는 기업이나, 기술이나 품질이 확실히 뛰어나지 못해서 다른 기업으로 대체가 얼마든지 가능한 일부 부품업체 등 열위한 하청업체들이 그런 기업으로, 하루 벌어 하루 먹고사는 기업은 장기적으로 위기가 닥칠 때마다 기업 활동이 위태롭고, 위기를 극복한다 해도 장기적인 자본성장률이 낮을 수밖에 없는 것입니다. 그러한 기업들도 고용문제와 산업구조상 필요하겠지만, 최소한 투자자들에게는 매력이 없을 수밖에 없습니다.

3. "아무리 재능이 뛰어나고 많이 노력한다 해도 결과를 얻기까지는 어느 정도 시간이 걸린다. 아홉 명의 여자를 임신시켰다고 해서 한 달 만에 아이를 얻을 수는 없는 노릇이다."

제가 강의 중에 기업가치와 장단기 주가에 대해서 비유적으로 말하는 바가 위 워런버핏의 말과 일맥상통하는 바가 있어 아래에서 함께 이야기하고자 합니다.

"우리는 아침과 저녁에 발 사이즈가 조금 다릅니다. 또한 공복 시 몸무게와 식후의 몸무게도 다르지요. 그럼에도 불구하고 우리는 이것을 변한다고 말하지 자란다고 말하거나 성장한다고 말하지 않습니다.

한편, 우리는 아기에서 어린아이로, 청소년에서 성인에 이르기까지 실제로 발 사이즈와 몸무게가 늘어납니다. 즉, 성장하는 것이지요.

기업도 이와 마찬가지입니다. 기업에는 업종별로 기간이 다를 수 있지만 영업사이클이 있습니다. 주기적으로 호황과 불황 사이를 순환하는 영업사이클 내에서 기업은 회전율과 원가율 등의 등락변화로 인해 이익률이 주기적으로 변합니다. 그렇지만 이로 인해 매년 변하는 이익률은 기업의 본질적 수익능력의 변화가 아닙니다. 기업의 수익능력 변화는 금번 업종사이클 기간과 저번 업종사이클 기간을 비교했을 때, 매출액 및 이익사이즈의 확대에 있습니다. 즉 영업사이클을 한 기간으로 보면 현재의 영업사이클과 한 기간 전의 영업사이클, 두 기간 전의 영업사이클 등 기간과 기간을 비교했을 때, 매출과 이익의 증가율이야 말로 진정한 기업의 수익성장률입니다.

그러므로 한 분기의 이익이 사이클 상 정점에 와 있을 때 기업이 본질적으로 좋아진다고 착각하여 추가투자하거나, 사이클 상 바닥에 와 있을 때 기업내용에 문제가 있다고 착각하여 손절매를 하지 말고, 그 기업의 내재가치(적정주가)와 비교해서 현재 주가가 낮아 괴리율이 높을 때 매수하면, 일시적으로 괴리율만큼의 수익률을 누릴 뿐 아니라 중장기적으로 사이클 간 성장률에 해당되는 복리수익률까지 누릴 수 있습니다."

기업의 지속적인 수익창출력보다도 자산가치주 등 오직 싼 것만을 찾는 벤저민 그레이엄식 투자자이건, 필립피셔처럼 고성장기업을 선호하는 성장주 투자자이건, 수익성의 유지 혹은 개선을 통해 꾸준히 성장하는 기업을 선호하는 워런버핏 같은 수익성장주 투자자이건 간에 상관없이, 적정주가(내재가치)를 계산하는 투자자는 모두 가치투자자입니다.

다행이라고 할지 불행이라고 할지 아직까지는 가치투자자들보다 가치투자자가 아닌 일반 주식투자자들이 압도적으로 많기에, 일반투자자들이 탐욕, 두려움, 어리석음에 휘둘려 좋은 기업을 헐값에 팔아넘길 때가 가끔 존재합니다.

가치투자자가 해야 할 일은 생각보다 그리 많지 않습니다. 영업사이클을 넘어서 가치가 성장하는 기업을 찾는 일, 영업사이클 내에서 적정주가보다 싸게 매수하여 1회성 수익률을 확보하는 일, 기다리면서 가치성장에 해당하는 복리고수익을 누리는 일 등입니다.

4. 마지막으로 워런버핏은 "사업의 세계에서는 백미러가 전면유리보다 더 선명하게 보이는 법이다." 라고 했습니다.

개인적으로 워런버핏은 기술주에 투자하지 않으며, 그 이유는 해당 기업의 10년 후를 알 수 없기 때문이라고 말한 바 있습니다. 제 투자경험과 투자견해로는 주가가 단기적으로 꽤나 변동하는 분기실적에 등락을 하는 것은 현상에 가깝고, 중기적으로 근본적인 수익력(영업사이클

^{평균})을 감안한 기업가치에 수렴하는 것은 본질에 해당합니다.

기술적 지표인 차트변화를 보건, 기본적 지표인 분기 실적 변화를 보건 간에, 현상의 변화에 배팅을 하는 것은 일종의 추세매매 혹은 추세거래이고, 본질에 투자하는 것은 복리수익투자입니다.

위 설명은 어느 쪽이 우월하거나 못하다고 이야기하고자 함이 아닙니다.

제품, 서비스 경쟁력 등 수요자 측면에서의 가치 우위와 제조생산성, 연구개발효율 등 기업경영 측면에서의 경쟁우위를 이해하고, 과거에서 현재까지의 재무손익비율을 분석하는 복리수익투자자는, 언제나 본질을 기준으로 삼아 현상이 일시적으로 본질을 벗어날 때, 주가가 너무 낮다면 투자를 하거나 주가가 너무 높다면 회수를 하는 방법을 취한다는 것을 설명하기 위해서 입니다.

추세매매 혹은 추세거래는 남보다 빨리 알아야 하고 빨리 대응해야만 수익을 내지만, 복리수익투자자는 그럴 필요가 없는 것입니다. 피터 린치같이 백조처럼 수면 아래에서 발길질을 끊임없이 하면서 쉼없이 앞으로 나가는 것도 좋은 방법일 수 있고, 워런버핏같이 매처럼 높이 유유히 날다가 정확하게 큰 먹이를 노리고 한 번에 급강하하는 것도 좋은 방법일 수 있습니다.

　다만 제가 설명하는 것은 주식이라는 자산을 이해하자는 겁니다.

　주식은 자본총계에 대한 지분율만큼의 권리로 자본총계의 만기는 무제한이며, 채권의 만기보다 깁니다. 또한 주식은 채권보다 순위가 후순위입니다.
　즉, 만기가 정해진 채권보다는 보다 장기적인 추정치에 의해서 주가가 정해지는 것이며, 채권보다 후순위이므로 단순히 장부가나 공정가치를 기준으로 순자산 액수만을 계산하는 것이 아니라, 사업의 장기적 수익성에 근거하여 주가가 정해지는 것입니다.

　단기적으로 실적이 등락하여 주가가 변동할 때 해당 기업의 영업사이클과 기업내용을 이해하는 투자자는 큰 수익의 기회를 발견한 것입니다. 그렇기 위해서 자신이 아는 기업에 투자하는 것이 바람직합니다. 개인투자자 입장에서 투자할 수 있는 기업은 직간접적으로 관여를 하고 있는 업종이거나, 관여를 하지 않더라도 제품이나 서비스, 업종 자체에 관심이 가거나 그리 생소하게 느껴지지 않는 기업이라면 무난할 것입니다.

기타 투자주체의 유망기업 조건

투자하기에 유망한 기업은 개인투자자와 기관투자자에게 근본적으로 차이가 없습니다. 기관투자자 중 펀드(투자회사)와 벤처캐피탈 업체, 법인자금 등 모든 투자주체가 유망하게 꼽는 기업은 사실 매한가지입니다.

다양한 투자형태 중에서 한 기업이 다른 기업을 M&A(인수합병)할 경우 상당히 까다롭게 기업의 사업전망과 투자매력도를 판단하는데, 실제 M&A가 일어나면 피인수기업의 주가가 올라서 개인투자자들에게 이벤트성 수익을 안겨주기도 합니다. 어떤 기업이 M&A 매력도가 높은가 하는 이슈는, 기업을 통째로 흡수하거나 혹은 기업의 최대지분을 사고자 하는 인수기업의 입장에서나, 혹은 주식 한 주를 사는 소액주주의 입장에서나 모두 중요한 사항입니다.

주식투자 이전에 M&A대상기업으로 선정될 가능성이 높은 기업은 시장 내 주식가치가 저평가되어있거나 M&A를 통한 성장가능성이 높은 기업입니다.

아래 M&A 매력도 및 창투사의 투자결정요소는 ㈜한국주식가치평가원 전문위원들이 홈페이지 칼럼에 게시한 일부 내용에 가치투자자들이 필요한 내용을 추가하여 정리했습니다.

★★ M&A 매력도가 높은 기업의 유형 ★★

❶ 저평가된 기업

- 자산가치에 비해 저평가된 기업

현실적으로 보았을 때 M&A의 대상기업은 특정기업이 자신의 본질가치를 주가에 반영하지 못하는 기업, 즉 주가가 저평가된 기업은 높은 투자수익률을 올릴 수 있으므로 인수합병의 선호대상이됩니다.

- 주가수익률이 낮은 기업(PER이 낮은 기업)

두 개의 기업이 동일한 업종에 속하면서 재무구조가 비슷하고 기업의 위험성과 수익성이 유사하다면, 기업의 가치도 비슷해야 하기 때문에 주가수익률(PER)이 비슷하게 나타나야 하지만, 현실적으로 유사한 기업이라도 PER의 수치가 각양각색으로 나타납니다. 업종별로 대개 평균 PER의 수준이 정해지며 각종 수익성은 유지하면서도 그 보다 PER이 낮은 기업은 상대적으로 투자가치가 높으므로 M&A의 대상이 됩니다.

- 현금흐름이 풍부하면서 저평가된 기업

LBO(차입금 매수)시에 인수기업은 인수한 후에 차입금의 이자와 원금을 상환하는데, 주로 대상기업에서 창출되는 현금흐름이나 불필요한 자산을 매각해 그 자금을 상환하므로 현금흐름이 풍부한 기업을 선호합니다. 또한, 차입금 원금을 전액상환하고 나면 인수자의 투자가치만 남게 되므로, 현금흐름이 풍부한 기업이 자본차익을 얻기 용이합니다. 이는 EV/EBIT, EV/EBITDA 등의 지표로 인수매력도를 판단할 수 있습니다.

- 내부유보율이 매우 높은 기업

내부 유보율이 높은 기업은 내부 원천자금도 풍부하고 부채비율이 매우 낮은 경우가 대부분으로, 내부유보율이 높은 기업이 풍부한 내부자금으로 현재의 자기자본 비용만큼 수익성을 내지 못하면 시장에서 주가가 저평가되기 때문에 이 또한 좋은 M&A 대상이 됩니다.

❷ M&A를 통해 성장가능성이 높은 기업

- 성장업종에 속하는 기업

IT 등 첨단기술 관련 업종은 제품 수명주기가 짧음으로 해서 계속적인 신제품을 개발해야 하는 부담이 있으나 신규진출이 힘들고 또한 시장 독점력이 높아서 초기의 시장선점이 중요하기 때문에 M&A의 대상이 될 가능성이 높습니다.

- 진입장벽이 있는 업종의 기업

정부의 보호아래 진입제한이 있는 업종에 진출하려는 것은 국내 M&A의 대표적인 동기로 들 수 있습니다.

- 가치있는 무형자산을 보유한 기업

오랜 기업 운영으로 상표가치(브랜드 파워), 유통망에 대한 가치 등
의 무형자산이 축적되어 있는 기업은 충분한 가치가 있는 기업입
니다.

❸ 기타 유형
- 특정 주주가 매우 높은 지분을 보유하고 있지 않은 기업이나, 대
주주간 내분 가능성이 있는 기업, 지분경쟁 가능성이 있는 기업
등도 M&A 매력도가 있습니다.

한편, 상장 및 비상장 주식에 투자를 하는 주요한 주체 중 하나이지
만 개인투자자들이 잘 모르는 분야가 있습니다. 바로 창업투자회사(VC,
Venture Capital)로써 매력적인 비상장회사, 혹은 성장하는 소형 상장회사
등의 지분을 매입하여, 기업가치가 개선되고 상장하거나 혹은 주가가
오른 후 차익을 실현하는 형태로 투자를 하고 있습니다.

창업투자회사, 창투사라고 줄여서도 말하는 투자전문기관들이 어떤
기업을 매력적이라고 판단하는지 아래에 일부 정리했습니다.

★★ 창업투자회사와 투자결정 요소 ★★

창업투자회사가 투자의사결정을 할 때 고려하는 요소는 개인투자자에게도 큰 도움이 될 수 있으며, 대략 열거하면 다음과 같습니다.

먼저 투자대상 기업을 물색하는 단계에서는 업체가 영위하는 사업분야의 국내외 시장규모 및 시장의 확대가능성, 기술의 독창성 및 특허현황(진입장벽), 경영자의 평판 등 나양한 요소를 검토합니다.
투자할 업체가 1차적으로 선별이 되면, 시장성 및 사업구조, 자본구조(주주구성, 부채비율 등), 구성인력, 기술력, 경영진의 합리성, 일반적으로 25% 이상 연복리수익률을 목표로 하는 투자수익성 분석 등을 통해 예비심사를 합니다.

한편, 창업투자회사의 투자심사보고서에 포함되는 내용 중 핵심적인 부분은 회사의 주력제품, 시장규모와 주요 경쟁자, 매출 및 이익 추정 등 투자포인트, 적정주가와 현재주가의 괴리율 및 복리수익률 산정을 위한 가치평가 등입니다.

위와 같이 개인투자자, 펀드매니저와 별로 다르지 않은 사항을 검토하여 투자유망기업을 판단하게 되며, 이후 창업투자회사의 실제 실사 등을 통한 투자행위가 이루어집니다.

03 안전마진 설명

안전마진의 이해

"투자의 제1원칙, 절대로 돈을 잃지 마라. 투자의 제2원칙, 제1원칙을 절대 잊지 마라."

상기 워런버핏의 말은 비교적 자주 인용될 정도로 유명해졌음에도 불구하고 언급의 가치가 있습니다. 왜냐하면 돈을 잃지 말라는 말의 함의를 종종 대중들이 오해하여 단순하고 일차적인 의미로 이해하는 경우가 많기 때문입니다.

버핏을 비롯한 가치투자 전문가들이 투자한 기업의 주가가 단기적으로 떨어지면, 해외 언론들이 이를 놓치지 않고 기사화합니다. 사실, 이런 경우는 목표기간 이후의 투자성과를 보지 못했기 때문에 실수도 아닙니다만, 가치투자의 전문가들도 실수를 했다는 등의 무지하고 자극적인 기사를 내고는 합니다.

아직 부족한 저는 물론이고 버핏이라고 할지라도 사람이기에 실수를 합니다. 그러나 가치투자로 주식에 정통한 사람들은 거의 대부분 투자성공 비율에 비해 투자실수의 비율이 굉장히 미미하고 자산증식에 큰 타격을 주지 않는 방향으로 충분히 스스로 통제하기 때문에, 가끔 발생하는 주가하락에 대해 언론이나 투자업계에서 뭐라고 하는 것은 굉장히 유머러스한 것입니다.

투자한 기업의 주가가 일시적으로 하락하는 것은 실패나 실수와 전혀 상관이 없으니 일단 제외하고, 실제로 애초에 판단을 잘못하여 투자실수를 범한 경우만 한정해서 말하자면, 내놓으라 하는 투자전문가도 아주 간혹 실수를 하는 것이 당연합니다.

작은 실수마저 전혀 없는 사람은 그야말로 아무 시도도 안하거나, 절대로 실수하지 않을 정도로 가치가 없고 쉬운 일만 처리하는 사람뿐일 것입니다.

그러나 실수를 할 확률을 줄이면서, 실수 한 번으로 인한 손실의 범위를 일정 수준으로 세한하게 되면, 누적적인 성공의 비율과 총 투자수익금액 면에서는 매우 탁월한 결과를 낳게 되지요.

제가 보기에는 돈을 잃지 말라는 버핏의 말은, 문자 그대로 마이너스 평가수익률을 일시적으로라도 기록하지 말라는 말이 절대로 아니고, 투자대상의 가치보다 낮은 가격에 매입하고(잃지 않기 위한 절대 조건), 매입 후 투자대상 가치의 증감여부를 모니터하여 가치가 줄지 않고 증가하는 것을 지속적으로 확인하여(잃지 않기 위한 과정), 최종적으로 돈을 잃지 말라는 뜻입니다. 당연히, 최종적으로 실현수익률이 마이너스가 되면 안 되겠지요. 저를 포함해서 워런버핏과 크게 투자철학을 달리하지 않는 가치투자자들은 여러 수단 방법을 사용해서 돈을 비축하고, 그렇게 비축한 투자자금은 안전마진을 확보한 우량한 기업에 투자하는데, 이 두 가지를 주기적으로 반복하는 것만으로도 안정적으로 부자가 될 수 있습니다.

요컨대, '투자한 기업의 주가가 조금만 떨어져도 손절매를 해야 하며 하락폭을 키워서는 안된다'고 말하는 것이 아닙니다.

현상적인 주가등락을 통제하기보다는, 본질적인 기업가치보다 싸게 사고, 기업가치가 증가하는 것을 계속 확인한다면, 그것이야말로 돈을 잃지 않는 것이라는 말이지요. 통제가 되지 않는 주가라는 대상에 집착하기보다는 미리 분석하고 계산하여 대응하는 편이 확률적으로도 현명하고 또한 돈을 버는 방법인 것입니다.

"바보처럼 비싸게 사서 더 큰 바보에게 더 비싸게 팔 생각을 하지 말고, 실제로 적정가치보다 싸게 사고 비싸게 팔아야 좋은 거래이다."

증시에서 흔히 듣는 위 말은, 오전 9시에서 오후 3시까지 오 분 단위로 거래량과 매매단가를 보면서 오늘 당장 거래를 체결해야 한다는 조급함을 버려야 한다는 의미를 포함하고 있습니다.

싸게 사고 비싸게 팔라는 말은 누구나 알고 있는 일차적인 말로만 받아들일 성질의 것이 아닙니다. 그것을 누가 모르겠습니까. 다만, 오늘 하루 동안 혹은 일주일간의 매매단가 중에 추세적으로 싼 값에 사느냐, 몇 달 혹은 몇 년 동안 일정기간을 꾸준히 지켜보다가 해당 기업 주가가 기업가치에 비해서 비정상적으로 무너질 때에 한하여 아주 싼 값에 사느냐의 차이겠지요.

즉, 우리는 하루살이가 아니며, 그러므로 당장 오늘, 일주일 내, 한 달 이내에, 반 년 만에 큰돈을 벌어야만 하는 것은 아닌 것입니다.

성인이 되어 직장생활이나 가장으로서 여러 건의 거래를 진행하다 보면, 거래의 속성을 체득하게 됩니다. 인수합병 시장에서의 전문적인 거래기술이나 관행을 제가 말씀드리지 않더라도, 거래시장에서 유리한 조건으로 체결을 할 수 있는 사람은, 기한이 제한이 없거나 길고, 거래대상이 다수이기에 저울질을 할 수 있는 사람입니다.

즉, 당장 작은 돈을 급히 벌려고 하거나, 당장 큰돈을 위험천만하게 벌려고 하지 말고, 지속적으로 오래도록 큰돈을 안전하게 벌려고 하는 마인드를 갖추면, 지금 당장이라는 강박관념에서 벗어납니다. 지금 당장이라는 마음가짐이 암시장에서 얼마나 공연표 값과 명절 기차표 값을 끌어올리는지 상상할 수 있다면, 지금 당장을 원하는 투자자들이 많이 몰린 주식의 주가가 얼마나 위태로운지 이해할 것입니다.

또한, 지금 현재의 재무구조가 좋을 뿐 아니라 과거로부터 손익추이가 좋은 여러 개의 투자후보군을 갖고 있는 투자자는 어느 한 종목에 목매어 안절부절하지 않기에 특정종목이 10% 떨어지거나 15% 올랐으니 당장 매수하거나 매도해야한다는 근시안적이고 결국 비용만 많이 늘리는 잦은 매매행위를 하지 않게 됩니다.

"물에 빠진 사람과 거래하듯이, 느긋하게 귀한 것을 헐값에 구매하라. 가끔 정말 좋은 기업이 확실히 싼 값에 거래될 때가 있다."

물에 빠진 사람과 거래하라는 말은, 매우 대담하게 느껴지면서 비인간적으로 느껴지기도 합니다. 하지만 현명하고 탁월한 가치투자자의 일상행위는 매우 인간적인 면모를 보일 수 있고, 또 그것이 주변사람들이나 대중에게 매력적으로 느껴집니다만, 투자행위에 있어서는 인간적인 면모를 버리고 오직 냉철한 이성만으로 임하는 것이 현명한 투자자의 본질입니다.

굉장히 어렵기도 하고 씁쓸하기도 합니다. 일상생활에서 우리들은 한편으로는 어려운 이들에게 봉사활동을 기쁘게 하면서, 그리고 자식들에게는 대가없이 많은 것을 주면서도, 한 기업의 구매담당자로서 원재료를 싸게 살 수 있는 한 싸게 삽니다. 그럴수록 원재료 공급자의 마진은 줄어들지요.

주식투자자도 이와 같습니다. 좋은 종목을 보았다면 이제 제 가격이 아닌 싼 가격에 사야 합니다. 싼 것이 비지떡이라고 결코 싼 가치의 주식을 매수하는 것이 아니라, 본래는 비싼 가치의 주식인데 비정상적으로 싼 주식을 매수하라는 것입니다. 그러자면 그 기업이 일시적으로 실적이 좋지 않거나, 극복이 가능한 이슈임에도 불구하고 단기적으로는 부정적인 구설수에 오르거나 하는 이유로 주가가 폭락했을 때가 기회이지요.

이는 그야말로 물에 빠진 사람과 거래하는 격입니다.

자신의 감정에 지배당하지 않음으로써 가장 인간적인 감정에 해당하는 손실회피(손실을 보고 싶지 않다.)를 극복하여, 실패한 아이디어는 과감하게 손절매를 해야 하고, 가장 인간적인 현금화 욕구(당장 수익을 확정하고 싶다.)를 극복하여, 투자에 성공한 아이디어는 아이디어의 시나리오상 적정한 가치에 수렴할 때까지 지속 보유하는 등, 투자에 성공하기 위해서는 자신의 인간 본능을 누르고 냉정해질 필요가 있는 것입니다.

물론, 냉정한 투자자의 자세는 성공적인 가치투자에 있어서 이제 겨우 첫 단추일 뿐입니다. 가장 어려운 부분이면서 가장 중요한 부분은 기업분석과 이에 따른 밸류에이션(적정주가 산정) 등 체계적인 실전이론과 유기적인 공식들입니다. 제 가치를 알아야만 안전마진을 계산할 수 있고, 투자의사결정을 확고부동하게 할 수 있기 때문이지요.

안전마진 구축 3단계

❶ 자신의 접근법에 최적화한 안전마진을 구축해야 합니다.
 - 안전마진은 주가의 하방경직성과 주가의 상방가능성을 동시에

내포하고 있어, 자신에 맞는 투자스타일이 어떤 것이건 간에 안전마진 구축은 필수적입니다.

- 최적의 안전마진 형태는 기업의 특성에 따라 조금 다를 수 있습니다. PEG비율에 의해, PSR에 의해, PBR에 의해 안전마진을 구축해야 하는 기업들은 서로 조금씩 다른 특성을 지닙니다.

❷ 숫자로 경영성과를 판단하고 긍정적인 실적증가를 찾아야 합니다.

- 경영능력은 수량화하기가 매우 어렵기 때문에, 경영성과를 평가하기 위해서는 과거 수년간의 좋은 실적과 향후 그 실적을 유지할 수 있는지 여부에 대한 전문적인 분석이 필요합니다.

- 대개 시장에서 가장 반기는 것은 1년 이상의 실적증가세로써, 시장에서 돈을 많이 버는 기업이 주가 면에서도 승자인 경우가 많습니다.

- 참고로, 경영진은 기업의 이익이 증가할 것 같으면 주식을 사는 경향이 있고, 기업의 이익이 감소할 것 같으면 매도하는 경향이 있습니다.

❸ 자신에게 솔직한 태도를 갖추고 주식공부를 꾸준히 해야 합니다.

- 자존심 등의 이유로 스스로 변명을 하면서 자신을 속이지 말고(실패, 실수 등을 덮지 말고), 투자활동과 성과를 정기적으로 정직하게 측

정해야 합니다. 그래서 개선할 부분이 있으면 스스로 개선하고, 전문가의 투자조언과 투자교육을 받아야 합니다.

- 언제나 자신보다 더 빠른 총잡이가 있다는 것을 잊지 말고, 투자 전문교육, 투자서적, 온오프라인 투자모임 등에 우선 투자를 해야 비로소 지속가능한 투자수익이 늘어날 것입니다.

04 철저한 투자의사결정

주식투자에 성공하기 위해서는 주식을 매수하기 전에 충분히 검토해야 합니다.

워런 버핏은 벤저민 그레이엄 스타일의 자산가치 투자, 즉 단지 토지만이 아니라 여러 형태의 처분이 가능한 자산의 가치를 계산하고 부채를 차감한 순자산가치와 주가 간의 차이에서 투자 아이디어를 발굴하는 담배꽁초식 괴리율 투자를 배운 이후, 점차 투자실력이 늘었습니다.

이후 그는 필립 피셔 스타일의 기업분석을 가미하고 찰리 멍거의 조언을 받아들여, 수익가치가 지속적으로 증가하는 기업에 대한 투자로 더욱 투자내공이 진일보하고 복리수익능력이 극대화되었으며, 좋은 기업이라고 판단한 각 종목들에 대해 버크셔 헤서웨이의 전체 투자 자산 대비 적지 않은 비중의 금액을 투자하는 것으로 알려져 왔습니다.

한 종목마다 적지 않은 비중의 금액을 투자해서 복리수익을 올리려면 무엇이 중요할까요?

바로 기업에 대한 판단입니다. 기업이 영위하는 사업, 기업의 재무손익 추이, 적정주가 혹은 내재가치의 산정 등 기업에 대한 종합적인 판단이 중요합니다.

그렇지 않고 투자 아이디어의 기반이 약하면 약할수록 외부환경이나 타의에 의해서 팔아야 할 때가 빨리 다가오기 때문입니다. 게다가, 계획보다 시간적으로 급하게 외부환경이나 타의에 의해 팔아야 할 경우 대개 원하는 수익률을 달성하지 못하고 팔게 마련입니다.

그렇다면, 기업에 대한 판단을 최대한 신중하게 하여 매수결정을 내리는 과정에서, 버핏과 같은 가치투자 전문가의 가장 큰 특성은 무엇일까요? 거울을 보고 판단한다는 것, 즉 타인이나 특히 대중의 의견은 그것을 역이용하는 데 쓸지언정 자신의 투자판단을 흐리게 하지 않는다는 것입니다.

아마도 절대다수에 해당하는 타인의 의견을 고려하여 판단을 하지 않는 이유 중 하나는, 버핏이 좋아하는 기업은 경쟁력이 강하여 이익을 잘 내고 재투자를 잘하여 이익을 확대하는 우량기업이고, 우량기업은 평소에 다소 시장의 관심을 받게 마련이므로, 해당 기업에 투자를 감행할 수 있는 시기는 모두의 관심사로부터 해당 기업이 멀어져서 가격이 떨어졌을 때이기 때문일 것입니다. 우량기업이 관심사로부터 멀어졌다는 것은 해당 기업에 대해 회의론 일색이라는 의미입니다.

제 경우를 돌아보더라도 신뢰할 수 있고(주가상승 후 하락염려가 없고) 지속적으로 큰 수익을 낸 경우들을 살펴보면, 우선 투자분석 과정과 의사결정에 있어 홀로 서서 스스로 생각하고, 냉정하게 판단했는지 혹은 수익을 낼 확신이 있는지를 자문하여 긍정적으로 답했을 때입니다.

주식을 매수하기 전에, 투자와 관련된 중요한 사항을 모두 충분히 검토해야 합니다. 이것은 기업전체를 인수합병 하건, 기본적 분석에 의해 주식 한 주를 사건, 기술적 분석에 의해 주식 한 주를 사건 마찬가지입니다. 한 번 사보지 뭐, 라는 생각을 갖고 어떤 주식을 사면, 해당 주식에서 충분히 중요사항을 검토한 투자자를 결코 수익률에서 이길 수 없습니다.

"투자는 평생을 함께 해야 하는 게임이며, 실제로 돈을 버는 것 역시 평생에 걸친 일이다."

버핏을 예로 들자면, 워싱턴 포스트 컴퍼니를 1973년에 투자하여 33년 동안 그 가치가 150배가 될 때까지 계속 보유했습니다. 그는 투자를 결혼을 결정하듯이 신중하게 하라고 합니다. 투자를 결혼에 비유한 것은 여러 가지를 꼼꼼히 따져서 하라는 비유적인 표현이기는 합니다만, 실제로 가치투자자가 성공적인 투자를 하는 프로세스를 한 평범한 조건의 냉철한 남자가 매우 매력적인 여성에게 구애할 때의 프로세스로 비유하자면 아래와 같을 것입니다.

우선 어떤 조건의 매우 매력적인 이성을 고를 것인지 먼저 정해놓고, 평상시엔 너무 많은 남자들이 구애하여 경쟁하기도 어렵고 여성의 우월감이 최고조에 있을 때이므로 자신의 마음을 끄는 이성을 지켜만 보다가, 일시적인 이별, 실직, 금전문제 등 어려운 일을 겪어 심신이 힘들고 지쳤을 때 결정적으로 구애작전을 펼치는 것.

너무 냉철한 나머지 얄밉게 느껴지겠지만 그것이 바로 가치투자자들이 투자에 성공하는 것에 대한 적절한 비유가 아닐까 합니다. 참고로, 비유를 하다 보니 좀 너무하다는 생각이 들어 변명하자면, 저는 결혼은 그렇게 하지 않았습니다만, 투자는 그렇게 하는 편입니다.

한편, 왜 우리가 주식이라는 자산에 투자하는지 그 근본적인 이유를 살펴보면, 매수매도의 회전율이 비교적 낮으면서도 누적적인 투자수익을 크게 내는 것이 어떻게 가능하며, 또한 왜 편안한지를 자연스럽게 깨닫게 됩니다.

우리가 금이나 석유에 투자하지 않고 주식에 투자하는 이유는 명확합니다.

어린 닭이 달걀을 낳아 농부에게 단기적인 수익을 안겨주면서도 그 덩치 자체도 지속적으로 성장하여 닭고기의 형태로 큰 수익을 안겨주는 것과 비교하면, 금이나 석유는 그 가치 자체가 자생적인 성장과정을 거쳐 더욱 크게 가속적으로 자라나는 것도 아니고, 금이나 석유에서 부수적으로 창출되는 현금흐름도 없습니다. 장기적인 등락을 모두 감안하면 딱 인플레이션만큼만 가격이 상승하는 것이 본질입니다.

반면에 주식가치의 근본에 해당하는 기업의 가치는, 이익을 발생시키고 발생한 이익을 수익자산에 재투자하여 이익 자체를 확대하는 과정을 통해 나선형으로 가속적으로 증가하기 때문입니다.

즉, 금과 석유는 거래의 대상으로써 남이 비싸게 사주어야만 의미가 있지만 (거래 대상으로써 매력도 자체를 부인하는 것은 아님), 기업의 지분인 주식은 당장 남이 비싸게 사주지 않아도 내가 가진 지분의 가치가 지속적으로 상승하면 그것으로 미래의 수익을 보장한다는 특성이 있습니다.

　내 지분의 가치가 증가하면, 단기적인 주가등락이야 어찌될지 몰라도 3~5년 정도마다 반복되는 주식시장 사이클에서 지분가치만큼 주가가 오를 수밖에 없기 때문입니다.

　기업을 매수하는 이유를 명확하고 구체적인 글로 정리할 수 있을 때 비로소 투자해야 합니다.

　자신이 하는 일을 이해하지 못하면 리스크가 발생합니다. 사실상 투자리스크는 투자대상 자체에 있다기보다, 투자자의 검토수준에 있다고 하는 편이 더 맞습니다. 왜냐하면 원인을 자신에게 두었을 때 예방도 가능한 것이고, 대응도 가능하기 때문입니다. 투자대상에 대한 심층적인 정성분석보다는 내재가치와 주가 간의 괴리율의 크기(%)와 광범위한 분산투자에 의해 가치투자를 하는 것이 그레이엄식 가치투자라고 한다면, 복리투자로 누적수익률을 창출하는 진일보한 워런 버핏의 투자 스타일은 보다 더 기업분석에 비중을 두고 있으며, 한국주식가치평가원의 내부투자활동과 외부교육활동의 수준은 모두 이 수준에서 진행되고 있습니다.

　제가 진일보했다고 표현한 이유는, 기업의 사업구조를 분석하고,

재무손익 추이를 추세적으로 해석하며, 적정주가를 산정하고 가치상승률을 계산하는 고급 밸류에이션 등 종합적인 가치투자체계를 통해 내린 투자의사결정은 비교적 오래도록 바꿀 필요가 없는 결정이기 때문입니다. 그러므로 회전율이 상대적으로 낮으면서도 누적수익률은 상당한 속도를 유지하게 됩니다.

후기의 버핏은 다른 주식투자 대가들보다 비교적 편안한 투자를 합니다. 매수매도의 고민도 잦지 않고, 또한 투자한 종목들 중 실패하는 종목의 비율이 상당히 낮습니다. 그러므로 질 높은 투자의사결정을 통해 장기복리수익을 올리는 것입니다.

다시 말씀드리지만, 평가원과 저 역시 그러한 투자철학을 가지고 있습니다. 영업사이클 하락기에 있어 실적이 일시적으로 적자상황까지 오고 적정주가 대비 주가가 크게 하락하여 일시적인 기대수익률이 높아진 기업 등에 1회성 고수익 투자를 하지 않는 것은 아니나, 주로 가치상승형 기업들을 선정하여 내재가치와 주가 간의 괴리율을 계산하고, 가치상승형 기업들에 대한 분산투자를 통해 누적적인 복리수익을 올리는 행위를 통해, 편안하고 게으르면서도 비교적 높은 수익률을 유지하는 것을 기본으로 하고 있습니다.

매매회전율 역시 상당히 낮아 일 년에 주식을 거래하는 횟수를 날

짜 기준으로 하면 10일 내외에 불과합니다.

그럼에도 불구하고, 분산투자된 가치상승형 기업 간의 베타차이를 활용한 비중 조절만으로도, 시장전체의 하락폭에 비해 훨씬 하락폭이 적고, 시장전체의 상승폭에 비해 훨씬 상승폭이 큰 편으로, 가치투자라는 개념에 걸맞게 만족스러운 수익률을 오래도록 향유하면서 시간이 지날수록 누적효과로 기하급수적인 투자수익률을 달성하는 데 문제가 없었습니다.

워런 버핏, 랄프 웬저, 존 템플턴 등의 가치투자방법은 어렵게 생각하면 어렵지만, 정통한 체계를 쉽게 한 번 이해하고 몸에 익히면 그다지 어렵지 않습니다. 결국 정통한 가치투자자의 투자결정은, 기업의 사업구조, 수익창출능력 등에 대한 이해와 기업의 미래에 대한 충분한 숙고, 그리고 내재가치보다 싼 값에 사는 과정이며, 이 한 단계 한 단계를 합리적이고 냉정하게 판단하기 때문에 투자결정을 철회할 일이 그리 많지 않다는 것입니다.

개인투자자들의 경우에도 합당한 가치투자 교육을 받는 것이 최우선이나, 혹시 교육이나 훈련을 받지 못한 개인투자자들의 경우에는 위 투자결정 과정들에 대한 심도가 낮을수록 분산투자로 리스크를 줄여나가면서 기대수익률을 낮출 필요가 있습니다. 다만, 가장 중요한 것은 정통한 주식투자 체계를 익히는 것으로써, 분석과 투자능력이 향상됨에 따라서 초기의 분산투자는 주식투자자의 수준이 올라갈수록 집중투자로 서서히 자연스럽게 변하게 됩니다.

물론 여기서 말하는 집중투자란, 한때 국내 증권사의 자문형 랩 상품에서 간혹 있었던 단기 추세적 쏠림현상으로써 집중매수, 집중매도의 높은 회전율과 불안한 포트폴리오 등을 의미하는 것이 아니라, 자신의 투자판단과 기업의 내재가치 상승에 대한 신뢰에 바탕한 중장기적인 집중투자를 말합니다.

고급가치투자
전략과 전술

★ ★ ★

VALUE INVESTMENT

01 지속가능한 수익률확보 실전방법

다양한 성공투자전략

　한국주식가치평가원에서는 원인이 아닌 결과에 해당하는 종합주
가지수의 추세에 대해서는, 오르는 추세이다 혹은 내리는 추세이다 등
에 대해 별 의견을 달지 않는 편입니다. 종합주가지수 혹 개별 종목의
주가의 방향성에 배팅하는 근거가 취약한 거래(투자가 아니라)일 경우에
는, 시장이 올라가고 있는가 내려가고 있는가의 방향성과 강도가 중요
할 것입니다. 그러나 시장전체라는 인덱스 투자가 되었건 우량한 개별
기업들이 되었건 간에 내재가치가 상승하는 투자대상에 대해, 장기간
에 걸쳐 투자자를 큰 부자로 만들어줄 내재가치 상승률만큼의 복리수

익과, 안전마진이라고도 부르는 최초 매수시기의 내재가치(적정주가)와 주가 간 괴리율만큼의 수익률을 계산하고 투자하는 경우에는, 시장이 올라가면 올라가는 데로 내려가면 내려가는 데로 좋은 투자회수 혹은 신규투자의 기회가 되기 때문입니다.

다른 말로 하면, 거래이자 배팅의 경우에는 예측, 즉 방향성이 중요합니다만, 분석과 가치평가를 한 후 투자하는 경우에는 예측 대신에 대응이 들어가며, 적절한 대응의 성과는 생각보다 매우 큽니다.

평가원은 기업분석 및 주식가치평가를 전문으로 하는 교육 및 투자기관으로, 저 역시 주로 실전가치투자교육과 함께 고유계정 직접투자를 영위하는 한편, 버크셔헤서웨이를 통해 본격적으로 크게 투자를 시작했던 워런 버핏처럼 외부간섭을 최소화하기 위해 운용, 자문업 등은 배제하고 있습니다.

그러므로 외부의 간섭이 없는 조건에서, 상당히 낮은 자금회전율(매수매도)에도 불구하고 오래도록 시장이 주는 기회를 비교적 잘 활용한 편입니다. 시장의 상승으로 인한 환희를 적당한 시기에 끊고 과도하게 상승한 종목들의 비중을 줄이고, 시장의 하락으로 인한 두려움을 적당한 시기에 극복하고 역발상 투자로 물 반 고기 반의 증권시장 세일기간 동안 종목쇼핑에 임하는 등 정석 원칙을 따르고, 감정보다는 이성에 따라서 오래도록 투자해 왔습니다.

그러나 종합주가지수의 변동성과 언론기사 등을 가끔 참조하면, 감정에 휩쓸리지 않고 투자하기란 개인투자자들에게 어려운 일이며, 또한 단순한 이성이 아니라 투자체계를 확립하고 주식투자에 임한다는 것은 개인투자자들에게 생소한 일인데다가, 큰 손실을 보고 있는 개인투자자들이 생각보다 매우 많다는 사실을 알게 되었습니다.

주변에서 이런저런 개인투자자들의 사례를 듣다 보면 어설프게 주식에 관심을 갖고 주식시장에 접근한 대부분의 개인투자자들이 얼마나 위험한 지경에 처해 있는지 상당히 안타까울 따름입니다.

자신만의 주식투자체계를 체계적으로 확립하지 못하고 타인의 조언이나 언론기사를 보고 후행적으로 투자하는 대부분의 개인투자자들은, 중장기적으로 시장이 회복할 때에도 별로 수익을 내지 못하고, 시장이 하락할 때에도 그런 개인투자자들이 가장 큰 손실의 타격을 입게 된다는 의미입니다. 수치로 말하자면 아무리 장기투자를 해도 중장기 수익률이 6% 이하인 인덱스 펀드보다도 못하고, 심지어는 3%밖에 되지 않는 예금보다도 못한 결과가 속출하는 격입니다.

아래의 주제로 짧은 내용을 정리해서, 대한민국 주식투자자들의 최종적인 주식투자 수익률에 조금이나마 도움을 드리고자 합니다.

❶ 기업의 자본조달과 투자자의 수익을 동시에 충족시키는 주식시장, 그 주식시장을 근본적으로 좌우하는 가장 굵직굵직한 요소들의 변동성 과 속도.

❷ 둘째, 확실한 투자수익을 위해서 주식투자자들이 근거로 삼아야 할 것 과 투자태도.

우선 주식시장에서 주식투자자에게 있어 중요한 변동 요소들을 가 장 크게 나누면, 주가와 실적, 그리고 내재가치로 나눌 수 있습니다.

주식시장의 본질적인 형성요인은 돈을 벌 자신이 있지만 자본이 부 족한 기업이 시장에서 자본을 확보하는 것이며, 돈은 있으나 좋은 수익 률을 낼 투자대상을 구하지 못한 투자자가 증권시장에서 기업에 투자 하는 것입니다. 저는 이것을 쉽게 말해 '주식투자자들이 밥숟가락을 얹 어놓을 기업을 고르고 고른다. 혹은 동업을 하고 싶은 기업을 꼼꼼히 선정한다.'라고 표현합니다.

그런데, 기업을 통째로 사지 않고 무수히 쪼개진 소유권의 일부인 주식 한 주(혹은 열 주) 단위로 사고 팔 수 있기 때문에, 기업의 내재가치 와는 무관하게 마치 시장에서 수산물이나 농산물을 경매할 때 연도별, 계절별 자연환경의 변화에 따라 가격이 널뛰기하는 듯한 현상을 볼 수 있습니다.

 상대가치평가와 절대가치평가 등 기업의 가치를 산정하는 실제 프로세스와 공식들에 대해서는 쉽고도 체계적인 평가원의 강의를 제안드리며, 우선 개괄적으로 설명드리자면, 끊임없이 변하는 경기, 유가, 환율 등 각종 내외부 환경변화에도 불구하고 영업사이클 혹은 경기사이클 전체(수 년)에 걸쳐서 평균적으로 창출할 수 있는 기업의 본질적인 수익력을 바탕으로, 기업이 미래에 벌어들일 모든 현금흐름을 현재가치로 환산한 것이 내재가치이고, 영업사이클 혹은 경기사이클 등에 따라 위아래로 등락을 거듭하며 순환하는 것이 분반기 실적이며, 분반기 실적에 따른 기대감과 실망감에 의해 가장 심한 등락을 거듭하는 것이 주가입니다.

 요컨대, 주가가 가장 변동성이 크고, 실적은 그 다음으로 변동성이 크며, 내재가치는 변동성이 적은 편입니다. 기업의 목표사업이나 수익구조 등이 업그레이드되기 전에는 현재가치와 현재가치의 상승률, 즉 내재가치는 잘 변하지 않습니다. 내재가치가 변동성이 적어 기준으로 삼을 만한 대신에, 따로 배우고 익힌 바가 없을 경우, 3개월마다 알 수 있는 실적이라든지 매분매초 알 수 있는 주가보다, 분석하고 파악하기가 쉽지만은 않습니다.

두 번째로, 확실한 투자수익을 위해서 주식투자자들이 근거로 삼아야 할 것을 짤막하게 언급하겠습니다.

저는 재무손익추이 및 경영전략의 결과에 해당하는 정량적인 분석뿐 아니라, 수익성의 유지 및 사업의 확장을 위한 정성적인 분석을 통해 기업가치상승률이 높은 기업군(群)을 걸러내고, 최초에 상당한 안전마진을 두고 집중분산 투자하여, 시장의 중장기적인 등락에 따라 투자대상간 비중조절과 현금비중 조절 등을 통해서 복리수익률을 누적적으로 극대화하는 전략을 가장 선호합니다. 제 투자성향을 따르다 보니, 게으른 천재라고 불리는 버핏의 회사인 버크셔 헤서웨이의 투자법이나 성장형 중소형주 투자의 대가 랄프 웬저의 투자법 등과 자연스럽게 유사한 투자체계를 공유하게 된 것 같습니다.

다만, 투자자들의 투자성향이나 가장 자신있는 강점영역에 따라서 가장 좋은 투자전략은 다양할 수 있습니다. 주가와 실적, 내재가치라는 큰 변동요인 중 어디에 포커스를 두는가, 그리고 포커스를 둔 영역에서 투자체계를 어느 정도 확립했는가에 따라서 자신의 투자수익률을 비교적 확신할 수가 있다는 것이 바로 두 번째 주제입니다.

투자자가 주가의 변동성과 그 방향 자체에 포커스를 맞췄다면 크게 제시 리버모어 스타일로 볼 수 있습니다. 이 방법도 투자자에 따라 좋을 수 있습니다. 주가를 좌우하는 기술적 요인들을 확실하게 이해할 경우 수익을 낼 수 있겠습니다만, 이 부분은 평가원이나 제가 주로 구사하는 영역은 아닙니다. 제 경우는 이 영역을 주로 구사하지 않아도 오래도록 투자수익을 내는데 전혀 지장이 없었고 향후 반영구적으로 지장이 없을 것으로 판단합니다만, 투자자에 따라서는 이 영역이 적성에 맞을 수도 있기 때문에, 전적으로 그 효용을 부정하지는 않습니다.

한편, 투자자가 국내외 경기변동 등 거시경제요소를 바탕으로 분반기 실적을 예측하거나 추정하여 실적변동성과 방향에 포커스를 맞췄다면, 크게 보아 글로벌한 시각을 지닌 존 템플턴과 실적변동에 집중하는 피터 린치 스타일을 겸한 것으로 볼 수 있습니다. 글로벌한 시각으로 이익창출능력 대비 저평가된 섹터에 역발상투자를 감행하건, 개별종목의 시야로 이익 대비 저평가된 기업 중 이익이 증가하는 기업에 투자를 감행하건 간에, 실적의 방향에 따라 투자하는 스타일을 말하는 것으로 투자기간은 무관합니다. 이 스타일로 단기투자도, 장기투자도 가능합니다. 이 부분은 제가 관심을 갖고 있으며 평가원의 전문적인 영역에 들어가지만, 평가원의 직접투자전략으로써 가장 중심이 되는 투자전략과 원칙은 아닙니다. 모니터링 해야 할 것들이 많고 예측이 틀릴 경우 손실이 클 수 있다는 단점이 있지만, 이러한 스타일에 적합한 투자자라면 충분히 끌어안을 수 있다고 하겠습니다.

마지막으로 기업의 내재가치에 포커스를 맞췄다면, 현재의 적정가치와 가치성장률 계산 등 기업분석과 내재가치 평가를 통해 중장기적으로 보다 확실한 수익률을 확보하며, 이는 저와 평가원의 가장 중심이 되는 투자전략이자 원칙에 해당합니다.

결론적으로, 시장에서 지속적으로 이기기 위한 전략은 하나가 아닙니다.

기술적 분석을 통해 주가 자체에 집중하는 체계를 확립하거나, 실적분석과 추정을 통해 실적의 방향 자체에 집중하는 체계를 확립하거나, 내재가치를 분석하여 투자하는 체계를 확립하는 등 다양한 방법이 있습니다.

문제는 투자자 자신이 무슨 행동을 하고 있는지 모르는 상태에서 (목표와 수단이 불일치) 돈을 투자하면 백전백패, 즉 잃을 수밖에 없다는 것이고, 투자자의 투자근거 혹은 투자체계를 스스로 독립적으로 확립하고 그에 필요한 배움(혹은 공부)과 훈련을 거친 뒤에 투자한다면 돈을 중장기적으로 절대 잃을 수 없는 것입니다.

주가하락 뒤에는 거시경제의 불확실성(혹은 불황)과 기업이익의 축소 우려가 있고, 주가상승 뒤에는 거시경제의 확실성(혹은 호황)과 기업이익의 증가 기대가 있습니다.

기업실적을 추정하여 투자하는 기본적 투자자의 경우에는 경기사이클에 따라서, 상승사이클인 경우 기대를 품을 수 있고, 하락사이클인 경우 우려를 품을 수 있습니다.

그러나 내재가치를 분석하여 투자하는 기본적 투자자의 경우에는 시장의 중장기적인 상승이건 하락이건 혹은 박스권 장세이건 간에 모든 상황들이 투자수익을 낼 수 있는 기회가 됩니다. 이 때 기회라고 하는 것은 다른 종목들은 다 주가가 등락하는데 투자한 종목들이 모두 주가가 등락하지 않는다는 이야기가 아니라, 현명하게 포트폴리오 조정을 함으로써 주가등락에 대응을 할 수 있고, 대응에 따라서 향후 큰 수익률을 미리 확보할 수 있다는 점입니다. 버핏이 최초매입가보다 내려갔다고 해서 여전히 자신이 확신하고 있는 기업에 대해 손절매하는 것을 보셨는지요? 기업가치에 대한 분석내용이 달라지지 않는 한, 주가가 계속 내려가도 계속 추가매입하거나 홀딩할(보유) 경우, 추세를 따라서 매매하는 것에 비해서 압도적인 중장기수익률을 올릴 수 있습니다. 다만, 이 방법에서는 내재가치를 아는 것과 그보다 훨씬 싸게 사는 것이 가장 중요하므로, 방법론을 우선 익혀야 한다는 제약이 있습니다.

가끔 박학다식하여 두루두루 언급하면서도 정작 투자에 대한 깊이는 없는 시황전문가, 시장전문가 혹은 경제학자들이 말하기를, 거시경제가 움직일 때 밸류에이션의 중요도는 떨어진다는 발언을 합니다.

그런 자칭 예측 전문가들을 보면 매우 단기적인 거시경제는 잘 아는 듯이 말하지만, 거시경제 자체가 순환하기 때문에 중장기적으로 현재의 추세는 영원하지 않다는 것(환율만 예로 들어도 영원히 오르거나 내릴 수 없음), 그리고 투자에 있어서 누적이 아니라 순환에 해당하는 거시경제가 본질적인 의미는 없다는 것도 잘 모르고 있으며, 주식시장과 주가를 결정하는 근본적인 요인들에 대해서는 전혀 모르고 있구나 하는 안타까움이 있습니다. 그러므로 개인투자자들이건 기관투자자들이건, 주식투자자들이라면 예측에 의존하지 말고 생각의 중심을 스스로 잡으셔야 합니다.

주가를 보고 투자하시는 분들은 주가에 포커스를 두십시오. 하지만 그 부분을 마스터하고 나서야 비로소 투자하십시오.

실적이나 거시경제를 보고 투자하시는 분들은 그 부분에 집중하십시오. 마찬가지로 그 부분을 많은 데이터와 분석으로 스스로 확신하고 나서야 비로소 투자하십시오. 선행적인 역발상 투자 이후, 시간을 두고 실적이나 경기상황의 개선과 더불어 투자자들의 전망까지 좋아지고 주식의 수요가 몰리는 형태로 수익률을 달성하게 됩니다. 기업의 실적 분석 부문에 대해서 상당한 수준으로 판단이 가능한 투자자의 경우 자신을 믿으시면 됩니다.

내재가치를 분석하여 투자하시는 분들은 그 부분에 집중하십시오. 마찬가지로 그 부분의 분석체계를 기본적 수준 이상으로 확립하고 나서야 비로소 투자하십시오. 기업의 적정가치가 지속적으로 상승함과 더불어, 그 상승속도와 같은 속도로 중장기 주가상승률의 형태로 수익률이 달성될 것입니다. 기업의 내재가치 분석에 대해서 어느 정도 체계 확립이 된 투자자의 경우 자신을 믿으시면 됩니다.

단순히 주가가 내려가고 있다고 손절매나 저가매수를 하거나, 단순히 주가가 오르고 있다고 팔아치우거나 추세에 편승하여 추격매수할 경우에는, 자신의 예상수익률에 확신을 가질 수 없습니다.

자신의 투자근거가 주가인지, 실적 및 거시경제인지, 혹 내재가치인지를 먼저 확실히 하고, 자신의 투자근거에 가장 집중하십시오. 근거에 따라서 집중해야 할 대상도, 주가등락에 대한 대응방법도 상당히 다를 수 있습니다. 어떤 경우라도, 자신만의 바닥이 단단해야 비로소 추락하지 않고 똑바로 서 있을 수 있는 법입니다.

모쪼록 주식투자자들의 현명한 시장대응을 통해, 대중적인 확신인 쏠림현상과는 별개로 자신만의 투자의사결정에 따라 지속적인 수익을 올리시기 바랍니다.

지속가능 복리수익을 위한 투자방법, 가치투자

대개 가치투자라고 하면 돈을 더디게 벌고 무조건 장기투자를 해야하는 것이며, 장기투자를 해도 주가가 오르지 않는 경우도 적지 않은 것으로 엄청난 오해를 하고 있습니다. 대중적으로 알려진 가치투자 중 협의적 개념으로써 저평가 자체에만 집중하는 가치투자전략은 실제로 수익이 더디게 날 수도 있고, 또한 어떤 의미에서는 수익이 날 것을 확신할 수조차 없는 구조로 되어 있습니다.

그러므로 협의의 가치투자 개념을 기준으로 말하자면, 가치투자는 돈을 더디게 번다 라는 통념이 잘못되었다고 생각하지만은 않습니다.

예를 들어 벤저민 그레이엄식 투자방법의 경우, 그 자신이 투자자로서 여러 가지 면에서 훌륭한 투자자이기는 하지만 모든 면에서 완벽한 투자자라고 볼 수는 없습니다. 단지 헐값의 기업을 사서 꽁초라도 한 모금 피우고 팔아치우기에 바쁜 그의 주력 투자방법은 실제로 시장 변화의 진폭이 적다면 수익이 더디게 나는 구조의 투자체계를 가졌으며, 시장 전체가 비싸지도 않고 싸지도 않은 정상 밴드 내의 상황이 오래도록 지속될 때에는 수익을 내기가 매우 힘든 전략입니다.

그는 초창기 이론체계수립 즉 가치투자의 아버지로서 큰 의미를 지녔으나, 오히려 후생가외, 청출어람이라는 말이 있듯이 워런 버핏을 선두주자로 하여 그의 제자들이 그의 투자체계와 능력을 계승하고 또 진보시키게 됩니다.

구체적으로 표현하자면 그레이엄식의 청산가치 투자법의 핵심은, 대공황시기에 언제 망할지 모를 정도의 외부상황에서 1년 이내에 현금화할 수 있는 유동성 자산, 혹은 좀 더 넓은 의미에서 기업의 총자산에서 채권자들의 권리인 부채를 차감한 순자산가치(혹 자본총계)를 중시하는 투자법으로써, 기업을 청산하는 것보다도 시장에서 싼 가격에 거래되는 주식에 유독 매력을 느끼는 투자방법이라 할 수 있습니다.

그러나 바꾸어 생각하면 대주주가 많은 지분을 갖고 있으면서도 기업을 청산할 생각이 전혀 없다면, 해당 기업의 자산들은 계속 낮은 수익성을 유지할 것이며, 또한 처분가능한 자산들을 매각하여 수익성 자산으로 전환하는 문제에서도 대주주는 기존의 오랜 입장(자산 유지)을 대체로 고수하기 때문에 청산가치로 평가할 수 없습니다.

즉, 여전히 계속기업으로 수익가치로 계산할 수밖에 없고, 계속기업으로써의 수익가치를 계산하는 것이 훨씬 더 타당합니다. 대주주가 많은 지분을 갖고 있어, 지분경쟁으로 과반수 의결권 확보가 힘들 뿐 아니라 소수주주들을 설득해도 과반수 의결을 확보할 수 없는데, 어떻게 기업의 전체 자산에 대해 혹은 선택적으로 청산을 강제하겠습니까.

그러한 투자방법론상의 결함을 극복하기 위해서, 벤저민 그레이엄은 대주주의 지분이 비교적 낮은 기업들에 대해서 자신이 직접 상당한 지분을 갖고 기타 주주의 의견을 결집시켜 배당을 늘리거나 자산을 처분하도록 의사표시를 했었고, 대주주의 지분율이 높거나 기업 사이즈가 커서 도저히 그럴 수 없는 조건일 경우 최소 50개 종목 이상의 정말로 상당한 수준의 분산투자를 통해 일부 종목들의 주가가 오르지 않거나 심지어는 상장폐지될 리스크를 통제해야 했습니다.

한편, 복리가치투자라는 이론체계를 통해 기업가치의 상승논리와 주가와의 관계를 제대로 배우고 스스로 훈련하기만 한다면, 대한민국의 경제성장률과 장기금리 등을 보았을 때, 예금자산이 증가하는 예금금리보다 상장사에 투자하는 투자수익률이 최소한 네 배 이상의 속도로 불어나는 구조가 됩니다. 투자수익률은 복리증가율에 해당하므로 시간이 길어질수록 순수투자수익은 네 배가 아니라 수십 배, 수백 배로 불어나게 되지요.

요컨대, 단기적으로는 주가가 내재가치까지 상승할 것을 기대하지만, 장기적으로는 기업가치의 상승률만큼 주가가 복리수익률로 오를 것을 기대하는 것이며, 이는 분석이 정확하고 기간이 길수록 매우 확실한 투자수익률을 투자자에게 선물하고, 이 수익률의 속도는 예금, 채권 등에 비해 어마어마한 것입니다.

가치투자자가 돈을 버는 프로세스

주식투자자가 지속가능하고 반복이 가능한 투자수익을 낼 수 있는 원천은 세 가지입니다.

첫째, 적정주가에 해당하는 내재가치와 시장 주가 간 괴리율(%)에 투자하는 방법으로써, 현재의 상태만을 고려한 스냅 샷(snap shot) 투자 방법이라고 할 수 있습니다. 이 방법에는 상당한 수준의 분산투자를 통해 혹시라도 일부 개별종목의 주가가 상승하지 못할 리스크를 줄이는 기본적인 방법과 마리오 가벨리 등이 대표적인 좀 더 진일보한 촉매투자 방법, 즉 향후 주가가 오를 여러 가지 이벤트를 미리 추정하고 판단하여, 촉매가 많거나 시일이 가까운 주식 위주로 투자하는 응용 방법으로 나뉩니다.

둘째, 기업가치의 상승률을 계산하여, 최소한 가치상승률만큼의 복리투자수익률을 올리는 방법으로, 계속기업이자 법인격을 지닌 유기체로써 기업활동을 이해하는 투자자가 기업가치 상승률 이상의 주가

상승률을 목표로 하면, 중장기적으로 큰 투자수익을 낼 수 있습니다.

무슨 소리냐 하면 기업은 계속 성장한다는 이야기로, 기업이 수익성 자산으로 창출한 이익을 기존의(혹은 새로운) 수익성 자산에 재투자하는 경영활동을 통해, 수익자산은 더욱 많은 이익을 창출하게 되어 장기적으로 자본총계와 이익이 지속적으로 크게 성장하는 것입니다.

그러면 그림자가 자연스럽게 사람을 따라갈 수밖에 없는 것처럼, 주가는 기업의 총 자본과 이익 사이즈를 따라서 상승합니다.

물론 단기적인 시장상황에서 특히 경기변동형 기업 등의 자본수익성이 몇 년에 걸쳐서 순환하는 편이고, 특히 성장단계에서 성숙단계로 넘어가기 직전에 있는 기업들의 이익은 질적으로 변동할 수 있으므로, 주가가 내재가치를 따라가는 속도가 뒤쳐지기도 하고 빨라지기도 하지만, 결국 역사적으로 3년에서 5년에 걸친 경기등락이나 증권시장 순환주기에 따라서 주가는 내재가치를 반영하여 적정한 수준으로 오르거나 내려가게 됩니다. 그러한 적정주가를 산정하는 근본가치는 계속 기업으로써 수익창출 및 성장가치입니다.

왜냐하면, 기업은 일부의 자산 혹은 전 자산을 처분할 계획이 실제로 대주주에게 있거나, 혹은 외부주체에 의한 피인수합병을 통해 자산매각의 가능성이 보일 때만 청산가치가 비로소 의미를 띠기 때문입니다.

결국, 주식투자로 돈을 버는 방법을 크게 세 가지로 나누면, 상술한 첫 번째 방법인 싸게 사서 비싸게 파는 1회성 괴리율 투자 방법과, 가치가 상승하는 기업을 적정하거나 싼 가격에 사서 최소한 가치상승분 이상을 복리수익률로 누리는 두 번째 투자 방법, 가치상승률이 높은 기업의 주가가 일시적으로 하락할 때, 복리수익률과 괴리율을 동시에 주기적으로 활용하는 복합수익률 투자 방법 등이 있습니다.

가치투자 단계와 단계별 수익률

가치투자의 수준에는 크게 세 단계가 있으며, 세 단계 중 뒤로 갈수록 고급체계에 속하고 유지 가능한 수익률이 높으면서도 수익을 낼 확률이 높습니다.

첫 번째 단계는, 과거 시장으로부터의 상대평가방법을(혹은 배수가치 방법) 통해 내재가치와 주가 간의 괴리율에 투자하는 방법으로, 상대평가방법을 사용하기 때문에 내재가치에 대한 확신이 다소 부족할 수 있으며, 기업가치상승률과 무관한 괴리율 투자이므로 언제 수익이 날지도 불확실합니다. 묻지마 투자 혹은 누군가가 추천한 기업을 매수매도 하는 것보다는 비교할 수 없을 정도로 훨씬 탁월한 투자방법이지만, 그럼에도 불구하고 저평가 자체에만 기반한 1회성 투자의 경우 시간이 지날수록 투자매력도가 낮아지는 형태로, 시간이 투자자의 적인 셈입니다.

예를 들면, 가치성장률이 낮은 기업의 경우 상대평가방식으로 계산하여 40% 할인된 주가로 투자하여 3년 안에 내재가치로 주가가 올라간다 할지라도, 3년 동안 누적된 수익률이 40%에 그치는 것입니다. 그마저도 상대가치평가를 통해 계산한 괴리율이므로 기대수익률인 40% 자체가 다소 틀릴 수도 있습니다.

두 번째 단계는, 가치가 지속적으로 상승하는 기업을 선별하여 상대평가로 적정주가를 계산한 다음 현재 주가와의 괴리율에 투자하는 방법으로, 상대평가방법을 사용하기 때문에 여전히 내재가치에 대한 확신이 어느 정도는 부족할 수 있습니다. 다만, 주가를 끌어올리는 내재가치 자체가 지속적으로 상승하는 기업이기 때문에 중장기적으로 반드시 수익이 나는 투자방법입니다. 그러므로 두 번째 단계부터는 시간이 투자자의 편인 셈이지요.

예를 들면, 40% 할인된 주가로 최초 매수하되 3년 동안 그 기업의 내재가치가 연복리로 20% 상승할 경우, 3년간의 복리가치상승률인

73%와 1회성 괴리율인 40%의 복합수익률이 142%(1.73×1.40-1.00)에 달하여 누적수익률이 상당하게 됩니다. 단, 상대가치평가이기 때문에 태초 매수 괴리율인 40%가 불확실하다는 한계는 있습니다만, 그럼에도 불구하고 시간이 지날수록 누적수익률은 첫 번째 방법보다 높을 수밖에 없습니다.

세 번째 단계는, 가치가 지속적으로 상승하는 기업을 선별하여 절대가치평가로 괴리율에 투자하는 방법입니다. 내재가치 밴드에 대한 확신이 있기 때문에 최초 매수시 수익률에 확신을 갖게 되고 또한 중장기적으로 수익률이 확실히 나게 되며, 가치상승률이 높기 때문에 수익실현시기가 금방 오지 않는다고 할지라도 반드시 시간을 두고 큰 수익을 내게 됩니다. 투자방법 중에서 가장 시간을 투자자의 편으로 삼을 수 있는 방법입니다.

예를 들자면, 절대평가방식을 통해 계산한 적정주가 대비 40% 할인된 주가로 최초 매수하되, 3년 동안 그 기업의 내재가치가 연복리로 20% 상승할 경우, 복리가치상승률과 괴리율의 복합수익률이 3년간 142%에 달하여 누적수익률이 상당하게 됩니다. 또한 절대가치평가이기 때문에 초기 매수시 할인비율(혹 괴리율) 40%에도 상대평가방식에 비해서 매우 큰 확신을 가질 수가 있습니다.

물론 세 가지 단계 모두 자신의 실제 투자단계에 따라서 한 계단씩 올라가야 할 것이며, 한 번에 무작정 마지막 단계로 가고자할 경우 생각보다 확신이 약해지고 수익률도 또한 기대에 미치지 못할 경우가 있습니다.

세 가지의 기본적인 투자단계는 각 단계에서 모두 응용이 가능하며, 응용방식으로는 촉매투자와 비중조절을 병행할 수 있고 구체적인 것은 뒤에서 설명드리겠습니다.

02 가치성장주와 복리수익의 비밀

저는 기업가형 가치투자자입니다. 그러므로 가치가 성장하는 기업, 복리수익을 크게 창출하는 주식을 좋아합니다. 저보다 훨씬 일찍 투자를 시작한 글로벌 투자선배이자, 또한 투자의 대가라고 일컬어지는 워런버핏 역시 복리수익을 크게 창출하는 주식을 좋아하는 것으로 알려져 있습니다.

그러면 워런버핏 등 가치투자의 대가들이 가치가 성장하는 기업을 판단할 때 가장 중요하게 보고 있다고 대중적으로 알려진 투자지표가 무엇일까요? 아마 재무제표 분석에 의한 가치투자를 약간이나마 접하거나 공부한 분이라면 워런버핏이 자기자본이익률인 ROE를 매우 강조했다고 익히 들었을 것입니다. 기본적으로는 맞는 말입니다. 워런버핏은 자기자본에 투자를 하는 주주의 대표 격이며 자기자본이 얼마만큼의 수익률을 내는지를 판단하려면 자기자본수익률을 보아야 합니다.

그런데, 정말 그것이 전부일까요?

결론부터 말씀드리면, 그것이 전부일 수가 없습니다. 워런버핏이 투자한 기업들이 ROE가 높았던 것은 사실이지만, 단순히 지금 ROE가 높은 기업을 골라 투자하라고 한다면(그가 직접 말을 한 적은 없습니나.), 그것은 자신의 투자수익결과를 자랑하면서도 실질적인 노하우는 숨긴 셈입니다.

워런 버핏은 안정적인 업종에 속한 기업에 투자했다고 잘 알려져 있는데, 사실은 워런 버핏 자신이 기업의 주요 사업을 이해하고 향후 현금흐름을 추정할 수 있는 경우에 한하여 투자한 것으로 이해해야 합니다. 즉, 사업을 이해했기 때문에 사업의 수익성 즉 현금흐름을 확신할 수가 있고, 그 현금흐름을 기준으로 ROE를 계산하면 당연히 높은 ROE가 유지되는 것입니다.

이야기를 좀 더 깊이 진행해 나가겠습니다. 그러므로 ROE가 높은 것은 투자성과의 원인이 아니라 결과입니다. 이것을 이해하려면 아래의 논리과정을 통해 기업의 실체와 투자지표를 투명하게 연결하여 이해하는 과정을 거쳐야 합니다.

우선, 기업을 설립할 때를 기준으로 간략히 설명드리겠습니다. 기업은 이익이 많이 날 것 같은 사업을 물색하여 목표사업을 정합니다. 이 때 결과적으로 총자산이익률인 ROA가 정해지는데, ROA는 목표사업을 위한 총자산과 매출액의 규모, 매출원가율과 판관비율 등이 정해지고 나면 자연스럽게 정해집니다. 즉, 일정규모의 자산을 통해 순이익이 많이 날 수 있는 목표사업을 정하는 것입니다.

그러면, ROA가 정해지고 나서 그 다음으로 정해지는 것은 무엇일까요? 그것은 ROE입니다. 정해진 ROA 수치를 기반으로 부채를 사용하는 재무레버리지 효과를 통해 자본주체(주주)의 수익을(ROE) 극대화하는 것입니다.

예를 들면, 총자산 2000억 원으로 순이익 200억 원을 벌 수 있는 사업의 ROA는 10%이지만, 총자산 2000억 원이 자기자본 1000억 원과 4% 이자율의 부채 1000억 원으로 구성된 경우에는 200억 원에서 이자 40억 원을 제외한 160억 원의 이익을 창출하여 ROE가 16%인데 반해, 자기자본이 2000억 원(부채가 전혀 없음)인 경우에는 ROE가 ROA와 같은 수치인 10%에 불과해, 주주의 자본수익률에 해당하는 ROE의 차이가 1.6배라는 엄청난 복리수익률 차이를 보이게 됩니다.

여기서 한 가지 전제가 발생하는데, 부채비용(이자율)보다 ROA가 낮은 기업은 최소한 투자대상으로써의 존재가치는 없는 것입니다. 왜냐하면 적당한 부채를 빌려 ROE를 극대화할 수 있으려면, 당연히 부채의 이자율보다 사업의 이익률이 높아야 하기 때문입니다.

부채를 사용하여 ROE를 ROA 이상으로 끌어올리면, 워런버핏이 좋아하는 비교적 높은 주주의 복리수익률이 비로소 확보가 됩니다.

여기서, ROA 자체가 6~7% 이하로 별로 높지 않은 경우 부체비율을 매우 높여야 ROE를 15~20% 이상으로 유지할 수가 있고, ROA 자체가 12% 이상으로 상당히 높을 경우 안전한 부채비율을 가져가도 ROE를 15~20% 이상으로 유지할 수 있다는 것을 알 수 있습니다. 즉, 기본적으로 ROA가 높지 않은 사업을 영위하는 기업이 많은 부채를 활용하여 ROE를 높인 경우에는 장기적으로 높은 ROE를 유지하지 못할 가능성이 높고, ROA가 높은 사업을 영위하는 기업이 ROE가 높을 경우에는 장기적으로 높은 ROE를 유지할 가능성이 높다는 것입니다.

이제 마지막 설명을 드리겠습니다.

위 설명, 즉 ROA가 투자판단지표의 시초점이 되고 ROE는 재무활동으로 창출된 일종의 결과라는 설명조차도 한 가지 개념이 없다면 완벽하지 못하며, 이로 인해 기업가치 상승 고리의 중요한 한 요소가 결여되어 있습니다.

　제가 투자대상으로 생각하는 기업의 마지막 숨은 요건은 바로 ROIC입니다. 한편, 이러한 기업실체적인 논리와 유기적인 개념체계로 실전에서 성공적인 가치투자를 교육할 수 있는 전문기관은 국내에서 한국주식가치평가원 밖에는 없습니다. 간단히 개념 이해를 도와드린다면, ROIC는 영업자산으로 얼마나 많은 세후 영업이익을 내는가 하는, 영업자산의 수익성 지표입니다. 영업자산은 기업이 실제로 영업활동을 영위하는데 소요되는 순운전자본과 유무형자산을 말한다고 개략적으로 일단 이해하면 됩니다.

　또한 서비스업 및 금융업, 지주회사 등 운전자본이나 유형자산 등의 비중이 별로 없는 업종의 경우에도 실질적으로 주력 수익을 창출하는 자산항목으로 대체하여 ROIC를 계산하면 실전투자에서 큰 도움이 됩니다. 이하 본서의 ROIC 개념에서 영업자산이란, 회계용어 수준을 넘어서 서비스업, 제조업, 지주회사를 막론하고 해당 기업이 주력 수익을 창출하는 자산을 의미합니다.

　왜 투자대상 기업의 숨은 요건이 ROIC인가 하면, ROIC가 높은 기업은 향후 ROA가 높아질 가능성이 매우 크기 때문이며, ROIC가 높아서 ROA가 높은 기업이야말로 ROA가 질적으로 우수하기 때문입니다.

즉, ROIC가 높은데 ROA가 높지 못한 기업의 경우, 기업이 주력사업으로 영위하는 영업자산으로 창출하는 이익은 크지만, 이익을 창출하지 못하고 있는 순비영업자산(비영업자산-비영업부채)이 많다는 의미입니다. 그러므로 경영진에서 기업의 수익창출을 위해, 누적되고 있는 비영업자산을 처분하거나 좀 더 수익성이 있는 방향으로 자본배분을 하는 즉시, ROA가 올라가게 되고 연쇄적으로 ROE가 올라가는 것입니다. 워런버핏 등 복리가치투자자의 경우 ROIC가 높은 사업을 가장 먼저 좋아하고, 중장기적으로 평균수준 이상의 자본배분능력으로 자연스럽게 ROA를 높게 유지하는 기업을 좋아하며, 적정한 부채를 활용하여 ROE가 높은 사업을 최종적으로 좋아하겠지요.

즉, 사업을 우선적으로 보는 워런버핏과 같은 가치투자자라면 사업에 쓰이는 자산 대비 수익(ROIC)을 우선 보고 나서야 그 사업의 지속가능한 수익력을 판단하게 됩니다. 그 사업의 지속가능한 수익력을 확인하고 나면, 비영업자산을 처분하거나 수익자산으로 재배분해서 투자대상 기업전체의 수익력(ROA)을 사업의 수익력(ROIC)과 일치시키거나 가깝게 유지하는 기업을 선정하게 됩니다.

한편, 사업의 수익성(ROIC)은 좋으나 기업의 수익성(ROA)은 좋지 않은 상태로 오래도록 경영을 하는 기업도 존재합니다. 즉 ROIC는 높지만 자본배분능력이 떨어져서 순비영업자산(현금, 예금 등)이 많이 누적되기만 하므로 ROA가 낮고, 그러므로 재무 레버리지를 활용한다고 하더라도 ROE가 그다지 높을 수 없거나 높은 상태를 오래 유지할 수 없는 구조인 기업도 있습니다. 그러한 기업의 경우에는 투자대상이 되기 힘들겠지요. 즉, ROIC 자체가 최종적인 투자지표는 아닌 것입니다.

이렇게 구체적으로 말씀드리는 이유는 일부 부가가치가 낮은 스크리닝 자료에 현혹되지 말라는 의도입니다. 몇몇 투자정보 사이트에서 오늘의 혹은 이달의 저 PER, 저 PBR, 저 PSR 등 지표별로 기업의 저평가 순위를 매기고는 하는데, 그것 자체로는 누구나 구할 수 있고 부가가치가 매우 낮은 단순한 정보에 불과하며, 투자수익에도 믿음직한 도움을 줄 수 없습니다. 오직 교육과 훈련 또는 공부를 통해 지표 속에서 기업을 분석하는 눈이 길러졌다는 전제 하에, 지표로 걸러서 투자하는 방법이 제한적으로 유효할 수 있습니다.

본서 출간 이후 아마도 어디선가 이달의 저 ROIC 주 10선, 50선 등의 형태로 계량적인 스크리닝을 할 수 있으나, 그러한 스크리닝 결과를 실제로 활용하여 투자손실이 아닌 투자수익을 내려면, 기업분석과 (재무손익, 사업구조) 밸류에이션에(주식가치평가) 대한 체계를 갖추어야 하며, 주식가치평가는 주식투자 입문자와 전문가를 막론하고 상대가치평가와 절대가치평가 교육을 모두 받음으로써 실제로 확실하고 지속적인 투자수익을 낼 수 있게 됩니다.

그러면 본론으로 돌아와서, ROIC는 어떻게 이해하고 활용하는가? 보다 자유로운 전달형태인 강의가 아닌 글의 형태로 표현할 수 있는 범위 내에서 표현하자면, 아래와 같습니다.

첫 번째 활용법은, ROIC와 ROA가 별로 차이가 나지 않는 기업에 비해서 ROIC가 ROA보다 훨씬 높은 기업이 향후 ROA의 개선 가능성이 크고, 연쇄적으로 ROE 개선의 가능성이 큰 것입니다.

두 번째 활용법은 이렇습니다. ROIC가 낮은 기업의 경우는 주력사업의 수익률이 낮은 기업으로 이해하면 됩니다. 주력사업 수익률이 낮은 기업은 주력사업 수익률이 높은 기업에 비해서 장기적으로 이익의 안정성이 떨어집니다. 가장 자신있고 비중이 큰 주력사업의 수익률은 낮고, 한시적인 수익, 혹은 부수적인 수익으로 일시적으로 전체 이익을 일정수준으로 유지하고 있는 기업이라면, 어떻게 오래도록 기업 전체의 이익률을 높게 유지할 수 있겠습니까. 즉, ROIC가 높은 기업의 ROA는 중장기적으로 유지될 가능성이 큰 반면, ROIC가 낮은 기업의 ROA는 오래도록 유지되지 못할 수도 있다는 것입니다.

결론적으로 말씀드리면, ROE는 ROA를 레버리지한 결과이며, ROA는 두 가지 개념, 즉 주력사업의 수익성인 ROIC가 얼마나 높으냐, 그리고 순비영업자산을 얼마나 잘 재투자하느냐에 의해서 결정됩니다. 결과로써 가장 중요한 지표는 누가 뭐라고 해도 ROE가 맞지만, 그 지표의 가장 밑바닥에서 기반이 되는 것은 ROIC와 자본배분 능력인 것입니다.

한편, ROE보다 근본적인 지표가 ROA이고, ROA보다 근본적인 지표가 ROIC라고 하지만, 단순히 수치들만으로 판단하여 계량적으로 투자하는 것이 아니라, 지속적인 복리투자수익을 내는 기업가형 투자를 하기 위해서는 투자지표를 기업실체와 연결하여 이해하는 사고과정, 즉 사업구조 분석 능력과 재무손익분석 능력이 필요합니다.

정량적 분석과
정성적 분석

★ ★ ★

VALUE INVESTMENT

01 재무분석과 재무비율

재무분석의 요체와 핵심

한 기업이 얼마나 많은 자기자본(및 지배지분 자기자본)과 타인자본(부채)으로 총자산을 구성하고 있는지, 그리고 사업을 영위하기 위해서 현금에서부터 유형자산에 이르기까지 총자산이 어떤 형태의 자산으로 구성되어 있는지를 나타내는 것이 재무상태표입니다. IFRS 이전에는 대차대조표라고 불렀습니다.

한편, 한 기업이 본업에서 얼마나 큰 수익(매출)을 냈고 각종 비용이 소요되었는지, 본업 외에서(영업외손익) 얼마나 많은 수익과 비용이 발생했는지, 결과적으로 법인세를 납부하고 나서 주주의 진정한 몫인 당기순이익(및 지배지분 당기순이익), 기타 포괄손익 등은 얼마나 되는지를 나타내는 것이 포괄손익계산서입니다. IFRS 이전에는 손익계산서라고 불렀습니다.

그리고 발생주의 회계에 따라 기록한 손익계산서와는 달리, 실제 기업에서 빠져나가는 현금과 기업으로 들어오는 현금을 중시한 현금주의 회계에 따라 기록한 것을 현금흐름표라고 합니다.

이하 재무상태표, 포괄손익계산서, 현금흐름표 등 여러 가지 중요한 회계자료를 재무제표라고 부릅니다.

그런데, 학생시절 치러야 하는 체력장이나 사회생활을 하면서 받는 건강검진에서 사람의 여러 가지 신체기능이나 질병수준을 진단하듯이, 기업의 활동을 여러 가지 측면에서 진단하려면, 재무제표의 개별적인 항목보다는 항목과 항목 간 비율인 재무손익비율을 통해 판단하는 것이 효과적이며, 이를 재무손익분석 혹은 재무분석이라고 합니다.

재무분석을 가장 간단한 수준에서 4가지로 나누면, 안정성, 수익성, 활동성, 성장성으로 나눌 수 있습니다.

간단하지만 의미심장한 이 4가지 재무비율 군(群)의 특징을 설명하자면, 안정성 재무비율의 본질적인 효용은 안전하지 않아서 투자에 부적합한 기업을 걸러내는 기준이며, 수익성 재무비율과 활동성 재무비율이 좋으면 비로소 투자하기에 충분히 좋은 기업에 포함되는 것이고, 좋은 성장성 재무비율까지 갖추면 최고의 기업이라고 할 수 있습니다.

각 비율들의 단순한 사례들을 들자면, 안정성 지표로는 부채비율, 유동비율, 당좌비율, 이자보상배율 등이 있고, 수익성 지표로는 매출총이익률, 영업이익률, 순이익률, ROE, ROA 등이 있고, 활동성 지표로는 총자산회전율, 유형자산회전율, 매출채권회전율, 재고자산회전율, 매입채무회전율 등이 있으며, 마지막으로 성장성 지표로는 매출액증가율, 영업이익증가율, 순이익증가율, 총자산증가율, 자기자본증가율 등이 있습니다.

그러나 일엽락지추(一葉落知秋), 즉 재무손익분석을 통해서 그 기업의 사업구조 혹은 구조적 변화 같은 정성적인 부분까지 깊숙이 엿보기 위해서는, 약식 구분에 해당하는 단순한 4대 재무분석 비율들을 그 성격에 따라서 8가지 분류로 나눈 고급재무분석 프레임이 필요하며, 이는 국내에서 유일하게 평가원의 재무분석 투자교육에서 설명하고 있습니다.

재무분석의 4요소가 완벽하지 못한 이유는 안정성이라고 다 같지 않고, 수익성, 활동성, 성장성 등도 모두 마찬가지이기 때문인데, 웬만한 전문기관이라고 해도 이 차이를 체계적으로 구분하여 기업을 유기적으로 이해하기는 어렵습니다.

개략 개념만 말씀드리자면, 안정성은 장기적인 재무구조와 단기적인 현금유동성 측면으로 나뉘고, 수익성은 기업이 사업을 수행할 때의 이익률과 투자자가 회수할 수 있는 투자수익률로 나뉩니다.

또한, 활동성은 각종 자산의 매출 창출력과 매출의 실제 현금화(현금회수) 활동으로 나뉘며, 성장성은 중기적인 실적 성장과 장기적인 기업규모의 성장으로 나뉘게 됩니다.

8대 재무손익비율 별 항목에서 기준이 되는 수치 혹은 관심기업이 좋고 나쁨을 판단하는 기준을 투자교육을 통해 쉽고 자세히 설명하지만, 일단 개략적인 사례를 들어 설명하겠습니다.

우선 장기재무구조로는 부채비율 등이 있고 교과서적으로 말하자면 100% 이하의 경우는 좋은 편이며, 200% 이상은 불안한 편이라고 할 수 있습니다. 여기서 교과서적이란 말은, 우선 기본적으로 배워서 개념을 잡고 실제 투자에서 손실을 보지 않기 위한 기본적인 기준으로, 사업구조 분석, 재무손익 분석 및 가치평가에 숙달하게 되면 교과서적 내용을 넘어서 개별 기업마다 실제에 맞게 응용하게 됩니다.

예를 들자면, CJ CGV처럼 주요 수익이 국내 소비자로부터 창출되고 현금화가 빨리 이루어지는 기업의 경우는 해외플랜트 건설사처럼 주요 수익이 해외 기업으로부터 창출되고 현금화가 빨리 이루어지지 않는 기업에 비해서 실질적인 부채비율이 다소 높아도 위험이 적을 수 있습니다.

다음으로 단기유동성 위험은 유동비율 등으로 확인하고 200% 이상이 안전하다 할 수 있습니다.

사업이익률로 대표적인 수치는 영업이익률 등이 있으며, 업종이나 기업별로 싸게 많이 파는 것이 주요 전략인 박리다매형 기업과 브랜드 퀄러티 유지를 위해서 적더라도 비싸게 팔아야만 하는 후리소매형 기업의 경우가 있어, 전문가라 해도 단순하게 제시할 수 있는 모범적인 수치는 없는 편입니다.

투자수익률은 ROE 등이 기본적이며, ROE는 자기자본이 얼마나 순이익을 냈는지 말하는 지표로, 10% 정도면 국내 상장사의 평균에 해당하고, 15~20% 사이에 있거나 그 이상이면 우수한 편입니다.

총자산회전율은 매출이 총자산의 몇 배이냐 하는 의미로, '총자산을 느슨하게 놀리지 않고 몇 회전 한다'고 표현합니다. 자산관련 회전율의 경우 중장기적으로 일정한 수준 내에서 등락하거나 높아지는 것이 좋습니다. 현금화(현금회수) 활동에는 대표적으로 매출채권회전율 등이 있고, 아직 현금으로 못 받아서 받을 권리에 해당하는 개념인 매출채권이 급격히 늘어나면 좋지 않으므로, 매출채권회전율이 일정한 범위 내에서 유지되거나 혹은 높아지는 것이 좋습니다.

마지막으로, 단기 혹은 중기적인 실적성장은 영업이익 성장률 등으로, 중장기적인 기업규모의 성장은 총자산 성장률 등으로 이해하면 됩니다.

투자대가가 중시한 재무비율

여러 가지 재무비율 분석을 통해서 정량적으로 가장 좋은 기업을 1차적으로 선정하려면, 8가지 재무손익비율을 입체적으로 파악하는 프레임이 필요합니다만, 가치투자의 대가들은 그러한 입체적인 분석에 더하여 자신의 투자스타일에 따라서 특정한 재무비율을 선호하기도 합니다.

워런 버핏이 특히 선호한 재무비율 중 대표적인 것들만 나열하자면, 크게 자기자본 순이익률, 매출액순이익률, 주주수익이 좋은 기업 등을 선호했습니다.

자기자본 순이익률은 주주의 진정한 수익률로 예금이자율에 비교할 수 있고, 매출액순이익률은 기업의 사업을 통한 수익률이 우선 좋아야 후행적으로 주주가 가져갈 몫이(자기자본이익률) 커지기에 중요하다고 판단했습니다.

그리고 좀 어려울 수 있지만, 사실 순이익 전부가 주주의 것은 아닙니다. 즉, 기업이 기본적인 생산 및 영업활동을 하기 위해서 유보해야만 하는 돈은 일상적으로 기업에 소요되는 몫에 해당하기 때문에, 순이익에서 유형자산 증분과 운전자본 증분만큼을 빼야 진정한 주주 몫에 해당하는 이익이 나오며, 이를 주주수익 혹은 영어로 오너어닝(Owner Earning)이라고 합니다. 기업경영활동 측면에서 표현하자면, 유형자산 투자지출을 해야 할 필요가 적고, 외상매출비중이 늘지 않는 기업이 좋은 기업이지요. 참고로, 주주수익은 DCF 등 주식(기업)가치평가 이론에서 응용하여 자기자본에만(자본총계) 투자하는 주식투자자 관점의 현금흐름을 계산하는 방식으로, 워런버핏뿐 아니라, 경영학계의 투자론, 맥킨지의 밸류에이션 등에서 최고수준의 전문가들이 공통적으로 쓰고 있는 개념입니다.

한 명의 투자대가만 더 소개하자면, 기업분석과 성장주 장기투자의 대가 필립피셔는 충분한 영업이익률과 영업이익률의 개선, 연구개발

노력 및 원가회계관리 능력 등을 중시했습니다.

필립피셔는 자신이 원하면 기업에 영향력을 발휘할 수 있는 대주주에 가까운 워런버핏에 비해서, 본질적으로 펀드운용자로서 기업에 영향력을 발휘하여 경영에까지 개입하기는 어려웠으므로, 기업의 현상유지는 물론이고 향후 발전을 위한 변화 및 성장을 탐지하려는 욕구가보다 더 강한 투자자였으며, 그러므로 영업이익률의 유지가 아니라 영업이익률의 개선, 향후의 매출액 확대를 위한 현재의 연구개발비 투자비중과 효율성을 중시했습니다. 또한 연구개발능력뿐 아니라, 기업의기본 시스템이라 할 수 있는 사업의 수익구조와 비용 통제능력을 중시한 정통 가치투자자에 속하기 때문에, 영업이익률뿐 아니라 매출원가율과 판관비율 등을 통제하는 원가회계 관리능력도 가볍게 보지 않았습니다.

고급손익분석, 기업실적 조정능력

기업의 주가는 대개 영업이익이나 순이익에 의해서 결정됩니다. 그런데 기아차, 현대중공업 등 경기변동형 기업의 경우 경기등락에 따라서 실적변동성이 상당히 큽니다. 그러므로 호경기로 인해 실적이 특히 좋을 때에는 주가가 상당히 높음에도 불구하고 순이익 자체가 정점(peak)이기 때문에, 주가수익비율인 PER 수치는 낮을 수 있습니다. 이때 가장 높은 순이익 대비 6배가량으로, 비교적 낮은 PER 6이라는 수치에 현혹당하여 실제로는 높은 주가에서 매수하는 위험한 실수를 범하면, 일이년 후 순이익이 삼분의 일로 급감하여 똑같은 주가에도 불구하고 PER이 18로 고평가 되고 주가가 이에 선행하여 먼저 급락할 수 있습니다.

반대로 경기가 악화되어 악화된 실적, 예를 들어 거의 이익을 내지 못하고 손익분기점 근처인 해의 순이익을 기준으로 상당히 높은 PER 20이라는 수치에 두려움을 느끼고, 실제로는 낮은 주가에서 매수하지 못하는 실수를 범하면, 일이년 후 순이익이 정상수준으로 돌아와서 10배로 증가하여 똑같은 주가에도 불구하고 PER이 2로 저평가되고 주가가 이보다 먼저 급등할 수 있습니다.

평가원에서 직접투자에 응용하고 재무분석 강의에서 설명하는 기업 실적조정이란, 변동성이 큰 기업들의 현재 실적을 중장기적으로 유지가능한 타당한 수준으로 조정하는 것, 그래서 기업의 내재가치를 계산하기 위한 진정한 당기순이익을 계산하는, 고급손익분석 기술을 말합니다.

매출과 이익이 단조로운 형태로 꾸준히 증가하기보다는 주기적으로 매출과 이익이 등락하고 일시적으로 감소하기도 하며 큰 폭으로 증가하기도 하지만, 장기적으로는 틀림없이 가치가 증가해 왔으며 절대적인 매출액과 이익 사이즈가 시간을 두고 성장하는 수많은 기업에 대해서, 현재의 불규칙적인 기업실적을 합리적으로 조정하여 계산할 줄 아는 능력은, 내재가치에 해당하는 적정주가를 판단하고, 비싸지 않고 싸게 사는 능력인 주식가치평가에 있어서 필요불가결한 요소입니다.

02 기업분석과 주요항목

효과적인 사업분석

개인투자자이건 기관투자자이건 간에 상관없이 자본(주식)투자자의 기업분석이란, 부채(사채)투자자의 기업분석과는 확연히 다릅니다.

부채투자자의 기업분석 목적은 채권의 만기가 될 때까지 이 기업이 망하지는 않을까, 구체적으로는 채권을 회수할 수 있기 위해서 총자산이 온전하게 있을까에 국한합니다. 왜냐하면, 기업이 갑자기 수익을 몇 배로 많이 창출하거나 혹은 수익이 반 토막 나거나 심지어 소폭 적자로 전환하건 간에 상관없이, 부채투자자는 그 수익을 가져가지 못하고 손실도 입지 않기 때문입니다. 오직, 부채에 대한 이자와 원금만큼을 가져갈 수 있을 뿐이며, 기업의 수익성이 다소 감소해도 전혀 수익에 지장이 없습니다.

한편, 자본투자자의 기업분석 목적은 이 기업이 망하지 않아야 하는 것은 물론이고, 총자산에서 부채를 차감한 자본총계(주주의 몫)가 혹시라도 줄어들까 걱정해야 하며, 기업이 망하지 않고 자본총계를 대략 유지한다고 해도 영업이익이나 당기순이익이 혹시 과거 대비 줄어들까 걱정해야 하는 것입니다. 왜냐하면, 기업이 갑자기 수익을 몇 배로 많이 창출하면 바로 그 폭증한 수익을 함께 나누는 것이 자본투자자인 주주인 반면에, 수익이 반 토막 나거나 소폭 적자가 발생할 경우 그 손실을 온전히 끌어안아야 하는 것도 자본투자자인 주주이기 때문입니다. 그러므로 기업의 손익실적과 재무상황이 중장기적으로 어떻게 되어왔고, 어떻게 될 것인가를 파악하는 것이 바로 주식투자자의 기업분석의 핵심입니다.

평가원의 투자교육에서 국내에서 유일하게 투자자 관점, 기업활동 관점, 오너 관점(경영주체)의 기업분석을 다루고 있는 만큼, 그 중에서 가장 기본적인 투자자 관점 기업분석의 개략을 설명드리자면 비즈니스 분석, 계열회사 확인, 지배구조 및 임직원 분석 등으로 볼 수 있습니다.

비즈니스 분석이란, 업계 히스토리와 현재의 경쟁 환경 등은 어떻고, 분석대상 기업의 현황과 실적은 어떤지를 파악하고, 주요 제품 및 원재료의 중장기적인 가격변동을 체크하여 제품마진이 좋아지고 있는지 나빠지고 있는지를 확인하고, 과거로부터의 매출액 추이와 생산설비 및 연구개발투자 추이 등을 분석하는 것을 말합니다.

이 때 매출액의 추이는 기업의 단기적이고 중기적인 시장수요 대응능력을 말해주고, 생산설비와 연구개발투자는 장기적인 시장수요 대응 혹은 개발능력을 말해줍니다.

다음으로 계열회사 확인이란, 모기업이 소유하고 있는 지분율 만큼에 해당하는 자본총계 혹은 당기순이익의 비중이 큰 자회사들의 리스트를 확인하고, 해당 자회사들의 매출액과 순이익 등의 추이를 분석하는 것으로, 단순히 실적뿐 아니라 모기업과 시너지가 나는 사업영역인지도 확인을 하는 것이 좋습니다.

지배구조 분석이란, 최대주주 집단의 주식소유구조를 확인하여 소수주주들과 이해관계를 함께 할 정도로 충분한 지분율을 갖고 있는지 확인하는 것을 말합니다. 직접, 간접적으로 기업을 소유하고 있는 지분율이 30%보다 훨씬 적은 최대주주 집단의 경우, 기업가치가 상승하고 주가가 올라 소유하고 있는 지분율만큼의 주식평가액이 증가하는 것보다, 기업이 창출한 수익이나 자본을 여러 가지 형태로 최대주주 집단에게 유리하게 배분하는 편이 유리하다고 판단하는 경우가 종종 있는 편이고, 나아가서 불충분한 지분율을 끌어올리기 위해서 3자 배정의 전환사채, 신주인수권부사채, 유상증자 등 여러 가지 형태로 최대주주 집단이나 특수관계인에게 싼 값으로 주식을 획득할 권리를 부여하기도 합니다. 그런 경우가 발생할 때마다 소수주주의 몫은 줄어들게 되고(희석), 주가는 당연히 하락하게 됩니다.

임직원 분석이란, 외부 경영상황에 연속적이고 효과적으로 대응하기 위해서 임원진이 두터운지, 또한 임원진의 경력은 해당 기업의 업종과 중장기전략에 적합하며 급여는 동종업종 임원진 급여와 비교하여 적당한지, 숙련도 및 기업문화와 관련이 있는 직원 근속연수는 경쟁사 대비 어떤지 등을 검토하는 것을 말합니다.

투자대가가 중시한 사업분석 항목

사업구조 및 주주구성 분석 등을 통해서 정성적으로 가장 좋은 기업을 2차적으로 선정하려면, 기업활동별 경쟁력 분석과 오너시각의 기업전략 등을 유기적으로 파악하는 분석 툴이 필요합니다만, 가치투자의 대가들은 그러한 체계적인 분석에 더하여 자신의 투자스타일에 따라서 특정한 기업요건 등을 선호하기도 합니다.

워런버핏은 자신의 기준에 빗대어 단순하고 이해하기 쉬운 사업을 영위하고 있는 기업, 경기등락에 의한 역경을 몇 번이고 헤쳐 나온 일관되고 오랜 역사를 가진 기업, 합리적인 경영진으로 주주와 이익을 함께 할 수 있는 기업, 근본적인 기술변화와 사회문화적 장기트렌드 변화에도 영향을 받지 않는 장기적 전망도 밝은 기업 등을 투자대상으로 꼽았습니다.

그러한 특징들을 나열한 이유를 잘 살펴보면 첫째, 자신이 그 기업의 사업구조를 대략 알아야 외부환경에 대한 이런저런 뉴스나 정보를 획득했을 때 수익활동에 지장이 없는지 여부를 스스로 판단할 수 있기 때문에, 비로소 마음 놓고 투자할 수 있으며, 둘째, 외부환경 변화에 취약한 초기기업이 아니라, 안정적인 업력과 실적을 갖춘 기업임을 확인한 연후에야 향후에도 어느 정도의 실적을 꾸준히 창출할 것을 신뢰할 수 있기 때문이라고 생각합니다.

셋째, 주주이해와 합치하는 방향으로 자본을 배분하는 경영진, 즉 기업이 성장하고 있을 때는 배당이 없이 재투자에 임하고 기업이 성숙기에 접어들었을 때에는 수익성 유지를 위해 재투자 비중을 줄이고 배당성향을 늘려야, 기업의 이익을 모든 주주와 공유할 수 있기 때문이며, 넷째, 기업생존의 바탕이 되는 수요시장이나 근본기술에 큰 변화가 없거나, 기업이 해당 변화에 지속적으로 잘 대응할 수 있어서, 업종의 장기적 전망까지 밝아야만 기업의 근본가치가 흔들리지 않기 때문일 것입니다.

특히 장기적인 전망을 좀 더 살펴보면 산업의 장기전망, 즉 수요의 장기적인 트렌드나 수요를 되돌릴 수 없을 정도로 강력한 대체재 생성 등의 이유로 기존 산업 자체가 근본적으로 위축될 위험이 있는지에 대한 것으로, 비록 성공에 비하면 그 비중이 미약하기는 하지만 워런 버핏 스스로가 미국 내 신발생산기업, 섬유업체 및 백과사전 업체 등에 투자하여 몇 번의 실패를 맛보았기 때문에 스스로 중요한 조건으로 꼽기도 하는 것입니다.

한편 기업분석의 대가를 한 명만 더 들면, 필립피셔의 경우 단기적인 성장, 중기적인 성장 및 장기적인 성장 등 지속적인 성장성을 매우 중시하면서도 기업의 기본적 필요조건인 경영관리능력을 강조했습니다.

구체적으로 말하자면, 단기적으로 향후 몇 년간 매출을 늘릴 수 있는 모멘텀을 가진 제품이 있는지, 중기적으로 그 제품의 사이클 상 성장의 한계가 오기 전에 새로운 제품을 연구개발 할 결의와 연구개발능력을 실제로 갖추었는지, 장기적으로 해당 업종에서 경쟁사 대비 뛰어난 기업임을 알려주는 요소나 사업부문이 있는지를 검토했습니다. 나아가서 평균수준 이상의 영업조직 등을 중시하여 단지 기술력만 갖춘 미숙한 소기업 단계의 기업들은 투자후보대상에서 제외하고, 단순히 좋은 아이템(제품, 서비스)이나 기술에만 의지하는 단계를 벗어나서 경영진 및 경영전략, 마케팅 및 영업, 생산효율성 등 기업의 기본적인 시스템을 구축한 기업에 투자했습니다.

경영위기와 성공적인 턴어라운드 기업

투자대가들은 기본적으로 훌륭한 사업모델과 강력한 경쟁력을 지닌 기업이 일시적인 어려움에 빠져 주가가 하락했을 때 매입할 것을 권유합니다. 저 역시 절대 저평가 주식 투자, 턴어라운드 기업 투자, 업종사이클이 다른 경기변동형 기업들에 대한 업종순환매 투자, 성장통 시기를 활용한 성장주 투자 등 여러 가지 응용된 형태의 가치투자전략을 실행합니다만, 가장 기본적인 투자전략이자 누적적으로 가장 큰 자산을 창출해준 투자전략은 스노우볼 기업에 대한 괴리율(저평가) 투자였습니다.

그럼에도 불구하고 개인투자자들은 단기적인 고수익, 혹은 중기적인 투자라고 할지라도 드라마틱한 수익률을 기대하기에 특히 턴어라운드 기업에 대해 관심이 많은 것 같습니다. 턴어라운드 기업에 대한 투자는 난이도가 있는 편에 속하기 때문에 주식에 입문한 초보투자자가 관심을 가질 영역은 아니지만, 여러 가지 투자방법에 대강 익숙해지고 수익률도 어느 정도 만족할 만큼 나올 경우 공부하고 투자해볼만한 영역이기도 합니다. 그럼에도 불구하고 이 투자방법은 난이도 문제뿐아니라 가장 적합한 투자대상이 상시 존재하지 않는다는 문제로 인해 가장 주력으로 삼을 투자방법은 아닙니다.

경영위기와 턴어라운드 기업의 성공전략을 알아본다면, 개인투자자들이 위기에 빠진 기업들 중 어떤 기업에 투자해야만 턴어라운드 성공과 함께 주가가 크게 오를 것인지 감을 잡기 쉬울 것입니다.

어떠한 기업도 때때로 닥치는 경영 위기를 완전히 피해갈 수는 없습니다. 국내의 많은 기업들이 세계적인 금융위기는 물론이고, 국제 원재료가 상승, 유가급등, 원화강세, 기업 간의 경쟁강도 증가, 인건비 상승 등으로 인해 경영상의 어려움을 겪습니다. 어떠한 기업도 주기적으로 경영상의 위기에 직면하게 되며, 이를 언제나 피해서 지나갈 수만은 없습니다.

예를 들어, 세계적인 자동차회사인 일본 도요타자동차의 경우에도 2007년 약 30조 원의 흑자에서 2008년에는 약 6조 원가량의 적자를 낸 사실이 있으며, 무리한 사업 확장과 빗나간 경기예측으로 창업 이래 71년간 성공가도를 달리던 회사도 경영위기를 직면할 수 있는 것입니다.

하지만 모든 기업이 경영위기를 극복하는 것은 아닙니다. 경영위기에 직면한 기업들은 전사 비용을 절감하거나 자산을 매각하는 등, 효율화와 구조조정을 통해 회생전략을 실행하는 것이 일반적이지만, 이러한 구조조정이 효과를 발휘하는 것은 기업마다 다르기 때문입니다.

사업 전체에 대한 대대적인 감축이 필요함에도 소극적으로 대응하여 기업의 회생이 늦어지는 경우도 있지만, 반대로 수술이 필요한 부분이 아닌 엉뚱한 곳, 오히려 더욱 투자를 확대해야 하거나 최소한 유지해야 하는 부분을 도려내어 오히려 기업회생 동력을 떨어뜨리는 경우도 발생합니다. 경영위기를 극복하기 위한 구조조정에 성공하려면, 기업은 어떤 턴어라운드 전략을 가져가야 할까요.

성공적인 턴어라운드 기업들에게는 몇 가지 공통된 전략이 있는데, 주력사업 전환, 선택과 집중, 위기상황에서 더욱 공격적인 투자 등을 꼽을 수 있습니다.

기업은 기본적으로 지금까지 잘 해왔고 앞으로도 잘할 수 있는 주력사업에 집중하는 편이 좋습니다만, 주력사업이 쇠퇴하는 상황에서는 신규사업 발굴이 필요합니다. 그럴 경우 주력사업과 연관성이 있거나 연관성이 없더라도 기존의 노하우를 발휘할 수 있는 신성장 사업을 발굴하여 주력사업으로 전환해야 합니다. 성공적인 턴어라운드 기업들은 주력사업의 위기를 새로운 성장동력 발굴의 기회로 삼아 빠르게 의사결정을 했습니다.

두 번째 회생전략은 선택과 집중입니다. 경영위기 상황에서는 다수 제품라인업을 가져가기보다 경쟁력과 수익성을 겸비한 한두 가지 제품에 집중하여 회생 및 성장전략을 수립하는 편이 좋습니다. 현대미포조선의 경우, 과거 선박수리 사업에서 건조사업으로 사업 전환을 추진할 당시 기술부족 등의 문제가 있어 적자를 냈으나, 기존의 선박수리 노하우를 활용하여 석유 운반선 위주로 선박종류를 단순화하고 역량을 집중하여, 수익성 개선을 통해 3년 만에 흑자로 전환한 적이 있습니다.

한편, 업계 전반이 불황에 있을 경우는 경쟁기업들이 투자를 꺼려하는 시점이기 때문에 위기일수록 공격적으로 투자하는 것이 향후 새로운 도약으로 작용할 수 있습니다. 예를 들면, PCB업체인 심텍은

2001년 이후 업계전체적인 불황으로 인해 지속적으로 영업적자를 냈음에도 불구하고 오히려 공격적인 R&D투자로 2003년 고부가 제품인 비메모리 PCB 양산체제를 구축했습니다. 이로 인해 기술을 선점하고 고부가 제품 판매를 확대하여 매출의 성장과 동시에 부채비율 하락까지 달성한 바 있습니다.

03 오너와 내부자 매매

투자해도 좋은 경영자

주식투자자가 투자해도 좋은 오너는, 어떤 수요시장이 사이즈와 성장성이 좋을 뿐 아니라 기업역량에 적합하여 장기적으로 경쟁우위를 가질 수 있는지 등에 관한 사업선택 능력이 좋아야 하고, 기업의 성장기 동안은 재투자 위주 정책을 펴고 성숙기에 접어들면 배당성향을 늘리는 등 주주이익에 합치하게 자본배분을 잘 해야 합니다. 애초에 좋은 사업을 선택하되, 핵심사업의 수익성과 성장성이 변화를 겪을 경우 자본배분을 합리적으로 해야 한다는 이야기입니다.

만약, 오너가 기업가치를 지속적으로 증가시키는 자본의 효율적이고 합리적인 배분보다, 재계순위 등 총자산과 매출액 자체의 규모에만 집착하여 수익성이 둔화되고, 자기자본이익률, 순이익률 등의 추세적인 하락이 지속될 경우 오너의 이익과 소수주주들의 이해가 불일치하게 되므로, 이런 오너는 피해야 합니다.

그러기 위해서는 최대주주 집단이 일정부분 이상 회사의 지분을 가지고 있는지 확인할 필요가 있습니다. 왜냐하면 급여와 스톡옵션, 특수관계자와의 부당거래 등을 통해 불합리하게 가져갈 수 있는 이익보다, 기업가치 상승으로 주가가 올라 보유지분의 가치가 상승했을 때 가져갈 수 있는 이익이 훨씬 커야 하기 때문입니다.

오너가 자신의 이익을 위하는 행위가 결과적으로 소수주주와 한 배를 타게 되려면 일정 비중 이상의 지분율을 갖고 있는 편이 자연스러우며, 또한 상장사를 자신의 사적인 기업으로 생각하는 것이 아니라 주식회사의 운영 개념, 즉 내가 큰돈을 벌 사업능력은 있으나 자본이 부족하여 함께 투자해줄 투자자들을 구한 것이며, 이에 주식을 매수한 주식투자자들과 당연히 이익을 공유해야 한다는 주식회사의 개념이 기본적으로 확립된 오너에게 투자하는 것이 좋습니다.

좋은 오너의 판단지표

상기 언급한 좋은 오너를 판단하기 위해 일차적으로 쉽게 구할 수 있고 효과적인 자료임에도 불구하고, 그 중요성은 별로 부각되지 않았던 자료가 바로 사업보고서입니다. 아마도 뉴스나 인터뷰 등에 비해 사업보고서를 통해 오너를 판단하기가 번거롭고 직접적이지도 않기 때문에 사업보고서가 푸대접을 받지 않나 생각합니다만, 가장 최근의 뉴스나 인터뷰 등은 대개 좋은 쪽으로만 이야기가 구성되기 마련이기에, 가장 최근의 자료가 가장 좋은 투자정보가 되지만은 않으며, 오히려 왜곡된 전망과 잘못된 근거를 바탕으로 성급한 투자가 될 소지가 큽니다.

사업보고서를 통해 오너를 읽어보려면, 최근 분기의 사업보고서 한 건은 의미가 없으며, 최소한 5년 정도의 기말 사업보고서를 기준으로 사업개황 및 회사현황 부분, 즉 지난 실적리뷰와 향후 실적목표, 신사업 계획 등을 참조하면 됩니다.

과거 5년 치에 해당하는 5건의 사업개황과 회사현황 부분을 순차적으로 비교 대조하여, 과거 약속한 실적이나 신사업 진출을 이행했는지 혹은 이행하지 못했는지를 보고, 과다한 전망을 하고 그 예측치 실적을 달성하지 못하는 기업인가 혹은 합리적인 전망을 하고 그 예측치 실적을 초과 달성하는 기업인지를 판단해야 합니다. 또한, 과거 좋지 않은 실적에 대해서는 갖가지 이유를 대며 숨기는 편인지, 좋지 않은 성과라도 솔직하게 드러내는 편인지를 통해 정직한 기업인지도 어느 정도는 판단할 수 있습니다.

대개 5년 치 이상의 누적치 사업보고서를 읽으면, 사업보고서 작성 주체의 어조가 읽히고, 그 어조는 경영진의 경영스타일에서 그대로 내려오는 것이기 때문에 충분한 참고자료가 될 수 있습니다. 또한 5년 치 이상의 자본변동이나 주식수 변동을 보아도 3자 배정으로 유상증자, 전환사채 등을 자주 발행하여 주주이익을 훼손하는지 여부도 파악할 수 있습니다.

사업보고서 외에도 이차적으로 오너나 대표이사를 검색하면 여러 기사가 나오는데, 과거 오랜 인터뷰 내용들을 기준으로, 인터뷰에서 제시한 사업목표나 전망 등이 지속적으로 사업결과로 확인되었는지를 사업보고서를 통해 확인하는 것도 좋은 방법입니다. 가장 최근의 기사도 필요하지만 과거의 기사가 오너에 대한 판단에 더욱 도움이 됩니다.

내부자 매매의 이해

오너 개인뿐 아니라 내부자(최대주주 집단 및 임원진 등)에도 관심을 가지는 것인 시장의 생리입니다. 특히 주식투자를 함에 있어서 내부자가 사면 주가가 오르고 팔면 주가가 내린다는 말이 있습니다. 기업에 가장 가까이 있고 잘 알고 있는 내부자가 매수매도를 하는 것이 모종의 투자관련 신호를 준다는 것이지요.

그에 대해 설명하자면, 대개 단기적으로는 맞는 말이지만, 꼭 근본적으로 그렇지만은 않습니다. 특수한 기업내부자인 재무 및 투자부문 담당이사를 제외하고는 기업내부자들이 가장 확실히 아는 것은 해당 기업이 속한 업종의 경기사이클과 기업의 실적개선 예측치로써, 업종경기나 기업실적이 호전되거나 악화될 기미가 보이면 주식을 매수하거나 매도하는 것이지, 기업의 내재가치 자체를 잘 안다고 말할 수는 없습니다.

왜냐하면 일부 경영부문의 전문가, 이를테면 마케팅이나 생산부문, 물류 분야 등의 내부자는 투자분석 전문가와 일치하지 않기에, 별도로 내외부 투자분석가의 자문을 구하지 않으면 임원이라 할지라도 기업의 가치를 잘 모를 수 있습니다. 그러므로 내부자가 매수할 때에는, 기업가치가 절대적으로 저평가되었다고 판단하기보다는, 실적 개선 혹

은 영업환경 개선의 선행적인 신호라고 판단하고, 현재에도 내재가치
보다 주가가 충분히 낮을 경우 실적개선 모멘텀까지 겹친 매수 시그널
정도로 생각하면 됩니다.

04 분식회계 발견

고수익 저위험을 위한 분식회계 회피

주식투자뿐 아니라 대개의 투자관련 이론이나 조언들을 살펴보면 하이리스크와 하이리턴을 연관지어 이야기합니다. 하지만 하이리턴은 주식, 부동산 등 분야를 막론하고 유망한 투자대상이 일시적으로 외면받아 가격이 억눌려있는 상황이 결국 해소될 때 발생하는 것이며, 하이리스크의 본질은 상아탑 투자론의 일각에서 이야기하듯이 결코 주가 등 가격변동성의 크기에 있는 것이 아니라, 벤저민 그레이엄 이하 가치투자자들이 말해왔듯이 '일시적으로 외면받는 상태의 원인인 실적 부진 등이 지속되거나 혹은 더욱 악화될 위험'에 해당합니다. 그러므로 리스크의 크기란, 투자대상을 분석하고 파악하는 개인, 기관별로 수준 차가 있어, 특정한 투자대상에 대한 투자위험도는 개별 투자주체 별로 다를 수 있는 것입니다.

로우리스크 하이리턴을 위한 가치투자의 기술 중 하나는 분식회계를 미리 예방할 수 있는 점검시스템에 있습니다.

가치투자자들이 분식회계를 하고 있는 기업을 귀신같이 짚어 낸다는 것을 말하고자 하는 것이 아니라(실제로 숙달되면 대부분 짚어낼 수는 있습니다만) 분식회계의 가능성이 높은 기업들을 상당히 합리적으로 진단할 수가 있는 것입니다. 분식회계의 가능성이 높은 기업들 중 일부는 실제로 분식회계를 하며, 극소수는 향후 상장폐지 등의 극단적인 주주가치 훼손과 이어질 수 있기 때문에, 투자리스크를 낮추는 데 있어서 분식회계 회피라는 것은 매우 중요합니다.

상장사가 행하는 회계적인 속임수는 여러 가지가 있지만 그 중에서 대표적으로 이익관련 분식회계가(이하 '이익조정') 주식투자자에 있어서 가장 위험합니다. 따라서 기업의 미래이익을 예측하고 기업의 내재가치(적정주가)를 평가할 때는 우선 재무제표 상에 이익조정이 있었는지 판단해 보아야 하고 이익조정을 발견했다면 이를 반영하여 보수적으로 투자해야 합니다. 가공된 수치를 그대로 믿고 투자했다가 심각한 손실을 입을 수 있기 때문입니다.

실전적인 분석회계 관련 진단 프레임 등은 평가원의 투자교육을 통해 쉽게 익힐 수 있으며, 본서에서는 간단히 이익조정이 이루어지는 방법에 대해 소개하고, 간단한 재무제표 분석을 통해 이익조정을 발견할 수 있는 방법을 알아보겠습니다.

이익조정의 형태는 주로 3가지로 분류할 수 있습니다.

첫 번째는 수익을 증가시키는 이익조정입니다. 수익을 늘리기 위해 매출을 늘리는 분식은 매출채권, 즉 외상거래로 받을 권리를 늘림으로써 가공의 매출을 계상하는 방법이며, 투자자가 이를 감지하는 방법은 매출채권회전율이 급격하게 내려가는가를 확인하는 것입니다. 왜냐하면 대개 판매금액(매출액) 대비 외상금액의(매출채권) 비율은 일정 수준을 순환하기 때문이며, 이를 비율로 설명하자면 매출채권회전율이(매출채권에 비해 매출액이 몇 배인가) 일정한 범위 내에 있다는 이야기입니다. 그러므로 매출채권회전율이 일정 범위를 뚫고 급격하게 내려간다면 매출채권이 비정상적으로 늘어난 것으로 이익조정을 통한 분식회계를 일단 의심할 수 있습니다. 분식회계가 혹시 아니라고 할지라도 현금회수능력에 문제가 발생한 것으로 어쨌든 좋은 상황은 아니라고 할 수 있습니다.

두 번째는 비용을 감소시키는 이익조정으로, 대손충당금 설정비율을 낮게 조정하는 등 비용의 조정이 사실 수익의 조정보다 더욱 보편적입니다.

비용을 줄이는 분식으로는 재고자산을 과대계상하는 것이 대표적입니다. 재고 중에서 판매에 쓰인 재고는 매출원가라는 비용에 포함되는데, 창고에 재고가 많은 것처럼 서류를 조작하여 재고자산을 과대 계상한 경우, 판매에 쓰인 재고가 실제보다 줄어든 것처럼 회계적으로 보여서 비용이 감소하는 효과가 있습니다. 같은 매출에 비용이 줄면 당연히 이익이 증가한 것처럼 보이며, 이것이 분식회계입니다. 마찬가지로 비율로 설명하자면, 일정한 범위 내에서 순환해야 할 재고자산회전율이 갑자기 급락한다면 재고자산이 급격히 늘어난 것으로 분식회계를 의심할 수 있습니다. 혹시 분식회계가 아니라 할지라도 물건 자체의 주문이 줄어들고 있으므로 좋은 상황은 아닙니다.

세 번째는, 비용을 증가시키는 이익조정입니다. 대손충당금을 일시에 인식하는 등 거액의 손실을 한 번에 발생하는 이익조정을 말하며, 일반적으로 경영진이 교체되는 시기나 대규모 손실이 예상되는 시기에 의도적으로 더 많은 손실을 인식하여 향후에 더욱 개선된 경영실적을 보여주기 위한 의도로 자주 발생하는 편입니다. 대손충당금 과대계상뿐 아니라 비유동자산에 대한 감가상각비를 과대계상 한다든지 여러 방법이 있습니다.

이러한 기업의 이익조정을 발견하기 위해서는 기본적인 재무제표 분석을 통하여 이익조정이 의심되는 기업을 찾아내고 그 기업에 대한 분석이 필요합니다.

이익조정을 발견하기 위해서는 기업의 주요 재무비율을 과거 자료와 비교하고, 비교할 만한 동종업종 내 기업과 비교하여 비정상적인 경향을 찾아보고 이에 근거하여 이익조정 여부를 발견하는 것입니다. 이러한 분석방법을 사용할 때 이익조정을 알려주는 아래의 다섯 가지 중요한 적신호가 나타나는지 살펴보면 도움이 됩니다.

첫째, 현금흐름표에서 영업활동 현금흐름의 감소를 검토합니다. 당기순이익이 지속적으로 증가하고 있는데 영업 활동으로 인한 현금흐름이 감소하거나, 영업 활동으로 인한 현금흐름의 증가폭이 당기순이익 증가폭보다 훨씬 적으면, 이익조정을 하여 당기순이익을 늘린 것은 아닌지 의심해봐야 합니다.

이것은 일반적으로 기업의 매출이 반드시 대금회수로 이어지는 것은 아님을 의미하며, 다른 무엇보다 현금흐름만은 빈틈없이 주시할 필요가 있습니다.

둘째, 재무비율에서 물건대금이 회수되지 않고 있는가를 파악해야 합니다. 기업들은 최대한 빠른 속도로 매출액을 늘리고자 온갖 노력을 다하며, 성장률을 인위적으로 끌어올리기 위해 사용하는 가장 교활한 방법은 고객의 신용 조건의 완화입니다. 그러므로 외상매출금(매출채권) 증가 속도를 매출 증가 속도와 비교해봐야 하는데, 매출액 증가율보다 매출채권 증가율이 크다면 고객으로부터 회수하지 못한 대금이 많다는 것을 의미합니다. 이는 매출채권회전율이 급격히 하락하는 것으로 파악할 수 있습니다.

셋째, 재무비율에서 재고가 과다하게 쌓이고 있는가를 검토해야 합니다. 투자자의 관심을 끌고자 하는 기업들은 비용을 줄이고 이익을 늘리기 위해 안간힘을 쓰며, 재고를 과다하게 책정하여 매출원가를 적게 산정하는 것으로 매출총이익률을 끌어올릴 수 있습니다. 역시 재고자산의 증가 속도와 매출 증가 속도를 비교하여, 재고자산의 증가율이 크다면 팔지 못한 재고가 많다는 것을 말합니다. 이는 재고자산회전율이 급격히 하락하는 것으로 확인할 수 있습니다.

넷째, 빈번한 일회성 비용을 조심해야 합니다. 일회성 비용이나 대손상각을 빈번하게 보고하는 기업은 기본적으로 조심해야 하며, 더욱이 일회성 비용의 근거가 터무니없이 빈약하다면 이는 경영진이 무언가 큰 실수를 저지르고 난 뒤 그것을 감추고 있음을 의미하기 때문입니다.

다섯째, 계속되는 기업 인수를 경계해야 합니다. 자주 인수를 행하는 기업은 문제가 많을 가능성이 있기 때문입니다. 인수를 많이 하는 기업은 재무 수치가 거듭해서 수정되고 변경되기 때문에, 그 내용을 제대로 파악하기가 힘들어지고 미래에 놀랄만할 사건을 보고할 위험도 높아집니다.

주식가치평가와
투자주체별
내재가치

★ ★ ★

VALUE INVESTMENT

01 주식가치평가 개괄, 고급상대평가 및 절대평가 소개

기업의 수익성과 주식가치평가

주식투자자들 사이에, 특히 가치투자자들의 대화중에서 가치와 가격이라는 개념이 자주 등장합니다. 여기서 가치라 함은 내재가치, 적정주가 등을 의미하며, 가격이라 함은 현재 주식 한 주의 가격인 주가, 혹은 특정 기업의 모든 주식수를 감안한 시가총액 등을 의미합니다. 가치와 가격의 차이를 설명드리자면, 가격은 문자 그대로 현재의 가격(주가)이므로 일시적이고 현상적인 수치를 말하고, 현재의 가격이 합리적이건 합리적이지 않건 간에 무관하게, 가치는(내재가치) 그 자체로 합리적이고 적정한 가격을 말합니다. 이 차이를 잘 음미하고 이해하는 것이 첫 단계입니다.

적정가격을 산정하는 가치평가 중에서도, 특히 주식가치평가는 주식이라는 특수한 투자대상 혹은 투자자산을 가치평가하는 방법으로, 현상적인 가격은(주가) 결국 내재가치, 혹은 적정주가에 수렴하게 마련입니다.

일반적으로 특정기업의 주가가 비싸다 싸다고 말하는 PER(주가수익비율), PSR(주가매출액비율) 등, 주가가 순이익의 몇 배이고 매출액의 몇 배인지 계산하는 상대가치평가법(배수법)으로는 왜 현재의 주가가 내재가치와 가깝게 수렴하는지 잘 이해가 가지 않을 수 있습니다.

하지만, 예금이자율(수익률) 1% 차이에 거대한 자금이 밀물처럼 몰리고, 원금손실확률(리스크, 할인율) 1% 차이에 거대한 자금이 썰물처럼 빠지는 것을 이해하고, 나아가서 주식자산에 있어서 각 기업의 고유한 할인율(리스크)에 따른 절대가치평가법을 이해하고 나면, 현재의 주가가 고평가이면 내재가치에 수렴하여 주가가 내려갈 것이며, 현재의 주가가 저평가이면 내재가치에 수렴하여 주가가 상승한다는 것이 중장기적으로 (물리학의 중력과 같은) 금융시장의 진리임을 알게 됩니다.

한편, 주식가치평가의 1차적인 이유는 당연히 가격과 가치의 괴리율을 파악하는 것이며, 예를 들어 적정가치가 10만 원인 주식의 현재

주가가 7만 원일 경우 30% 안전마진을 갖고 있다, 할인되었다, 평가절하되고 있다 등으로 표현하며, 7만 원인 현재 주가가 10만 원까지 상승할 수 있으므로, 상승여력은 43% 이라는 식으로 표현합니다. 여기서 현재 시점으로 단순한 기대수익률은 43%가 됩니다. 그에 반해, 복리가치투자에서의 가치평가, 혹은 고급가치평가는 현재 가격과 가치와의 괴리율뿐 아니라 가치 자체의 성장률까지 계산하는 방법입니다.

　　가치상승률의 예를 들면 현금, 귀금속이나 석유, 주식의 가치상승률이 서로 다릅니다. 현금은 시간이 오래 지남에 따라 정확히 인플레이션에 해당하는 만큼 복리로 가치가 하락하며, 귀금속이나 석유는 장기 인플레이션만큼 가치가 상승하고, 주식은 '점점 많은 알을 낳으면서 자신의 몸 자체가 성장하는 거위'처럼 가치가 복리로 상승하지요. 간단히 말씀드리면, 금 한 돈을 30년이라는 장기간 보유하게 되면 대개 인플레이션만큼(단기간에는 초과수익과 손실이 순환하지만) 복리로 가치가 상승합니다만, 금 한 돈은 여전히 한 돈입니다. 무슨 말인가 하면 금이 금을 낳거나 창출하지는 못하기 때문에 인플레이션 가치상승률 이상으로 제곱, 더블로 가치가 증가하지는 않는다는 의미입니다.

　　그러나 조미료와 면류 등을 제조판매하는 오뚜기를 생각해보면, 면류들의 가격은 인플레이션만큼 복리로 상승합니다. 물론 브랜드 가치를 높일 경우 그 이상으로 가격이 상승하지만 일단 인플레이션만큼만 오르는 것으로 가정한다고 할지라도, 장기적으로 오뚜기라는 기업이 금 한 돈과는 비교할 수 없는 13~15%에 육박하는 복리가치상승률을 보이는 이유는 가격이 오르는 면류의 생산 및 판매량 자체가 늘기 때문입니다. 즉, 30년 동안 공장을 세워도 더 세우고, 신규시장을 개척하거나 신규아이템을 개발하여 판매량 자체를 더 늘리기 때문에, 제품의 가격상승분뿐 아니라 제품의 판매수량 자체가 함께 증가하여, 제곱, 더블로 가치가 증가합니다.

요컨대, 주식이라는 자산의 특수성은 복리로 가치가 상승하는 데 있으므로, 본질적으로 복리예금 및 채권과 유사한 면이 있으며, 그럼에도 불구하고 가격변동성이 매우 크고 미래를 추정하기가 상대적으로 어렵다는 부수적인 면이 있습니다.

주식가치평가를 단순하게 이해하자면 두 가지 방법이 있습니다.

첫째, 기업의 진정한 이익을 해당기업의 적정한 할인율로 나누는 방법입니다. 할인율이란 미래의 수익을 현재가치로 환산할 때의 개념으로, 리스크와 같은 의미입니다. 예를 들면, 1금융권 은행의 예금이자율이 4%라면 할인율은 4%이며 이는 주식시장의 PER을 적용하여 표현하면 $1 \div 0.04 = 25$로써, PER 25가 되고, 저축은행의 예금이자율이 7%라면 이는 PER로 말해서 $1 \div 0.07 \fallingdotseq 14$로써, PER 14가 됩니다. 쉽게 말해 진정한 이익에 적정배수를 곱한 것이 적정주가가 됩니다.

여기서 진정한 이익이란, 업종사이클 내에서 호황기와 불황기에 왜곡되어 있는 이익을 그대로 적용하는 것이 아니라, 한 기업이 중장기적으로 창출할 수 있는 이익률에 기반하여 산정한 이익입니다. 이는 삼성전자, 현대중공업, 포스코 등 국내 상장사의 상당부분을 차지하는 경기변동형 기업에 투자할 때 매우 유용하지만, 복잡한 개념에 해당하여 교육 외에는 대안이 없으므로, 본서에서는 일단 적정 순이익 정도로만 표현할까 합니다.

　둘째, 기업의 자본수익률을 해당기업의 적정 할인율로 나누는 방법입니다. 자본수익률이란 자기자본이익률(ROE)로, 불규칙한 형태의 예금이자율로 이해하면 무방합니다. 자본수익률이 높고 할인율이 낮을수록, 같은 자본이라도 적정주가가 높습니다. 즉 이익의 질이 좋거나 자본의 수익률이 좋으면 적정주가가 높아지고, 낮은 리스크로 할인율이 낮을 경우 적정주가가 높은 것입니다. 예를 들면, 똑같이 자본총계가 1000억 원인 두 기업의 유지가능한 ROE가 모두 20%이지만 한 기업은 할인율이 10%이고 다른 기업은 할인율이 5%일 경우, 할인율이 5%인 기업의 적정주가(내재가치)가 두 배로 높으며, 두 기업의 할인율은 모두 10%이지만 한 기업의 ROE는 20%이고 다른 기업의 ROE는 10%일 경우, ROE가 20%인 기업의 적정주가가 두 배로 높은 것입니다.
　한편, 기초 개념에서는 자기자본이익률만 고려해도 무방하지만, 투

자자로서 중급 이상의 개념으로 가게 되면 총자산이익률(ROA)과 투자
자본이익률 혹은 영업자산이익률(ROIC)까지 함께 이해하면 기업의 수
익성을 매우 잘 판단할 수 있습니다.

주식가치평가의 핵심개념, 수익률과 리스크

주식의 가치, 내재가치 혹 적정주가는 모두 같은 개념으로 특정 기
업의 수익률과 리스크에 의해 결정됩니다. 여기서 수익률이란 주식
을 산 가격과 판 가격 사이의 차이 즉 거래를 통한 매매수익률을 말하
는 것이 아니라, 기업의 자본수익률로써 예금이자율과 같은 개념으로
생각하면 이해하기 쉽습니다. 예를 들면 100억 원의 자본을 투자하여
순이익으로 15억 원을 회수한다면 자본수익률(ROE)은 15%에 해당합
니다.

투자원금에 대한 자본수익률이 높은 기업은 같은 100억 원의 자본
이라 할지라도 자본수익률이 낮은 기업보다 주식의 가치가 높다고 할
수 있습니다.

리스크 역시 투자자가 주식을 싸게 사서 비싸게 팔았을 때의 주가
변동손실, 즉 거래 손실의 개념은 아닙니다. 특정기업의 리스크는 기업

고유의 할인율로써 해당 기업이 창출하는 이익의 안정성, 지속성, 성장성 등 이익의 질을 감안한 할인율 수치를 이야기합니다.

참고로, 대한민국 2,000개 상장사의 중장기 평균 리스크는 10%~8% 정도입니다. 그러므로 이익이 꾸준하면서도 성장성이 있는 기업은 리스크가 8% 이하, 즉 PER이 12이상으로 심지어는 PER 14, 17까지도 가능하다고 판단할 수 있고, 이익이 불안정하면서도 성장성이 적은 기업은 리스크가 10% 이상, 즉 PER이 10 이하로 심지어는 PER 6, 5까지도 가능하다고 판단할 수 있습니다.

수익률과 리스크의 유의점

상기 언급한 수익률과 리스크는 모두 이익의 안정성, 지속성, 성장성에 의해 결정됩니다. 즉, 현재의 적정이익을 잘 산출하여 적정이익을 기준이익으로 삼고, 이익의 질을 고려한 할인율을 기준이익에 적용하는 것, 이 두 가지가 실전 가치투자를 위한 전문적인 주식가치평가의 전부입니다.

여기서 모호하게 느껴질 수 있는 이익의 안정성, 지속성, 성장성에 대해 개략 설명하겠습니다. 우선 이익의 안정성이란, 기업이 외부환경의 변화에도 불구하고 얼마나 이익을 안정적으로 낼 수 있는지를 말합니다. 업종에 따라 그 정도가 다를 수 있지만 대개 수요시장 및 경쟁사 등에 대해 특정 기업이 가지는 경쟁력과 해당 기업의 경영관리 및 비용통제 등 내부통제력이 좌우합니다.

이익의 지속성이란, 근본적인 수요공급변화에 의해 업종 자체가 언제까지 존재할 수 있는가, 혹은 업종 내 경쟁에 의해 해당기업이 언제까지 이런 이익을 창출할 수 있는가를 판단하는 것입니다. 심하면, 대체기술이 등장하여 기업의 이익이 완전히 사라지는 수도 있습니다.

그리고 이익의 성장성 계산은, 현재까지의 성장성이 미래 추세에도 중장기적으로 이어질 것이 예상될 경우 정량적인 재무손익추정 방법으로 계산할 수 있고, 향후의 성장성이 현재까지와는 전혀 다른 신성장 업종일 경우에는 정량적인 방법보다는, 수요시장 자체의 성장률을 각종 통계나 자료를 통해 추정하고 수요시장에서 해당기업의 유지가능한 시장점유율을 감안하여 대략 계산할 수 있는데, 이는 보다 정성적인 방법에 해당합니다.

본서에서 간단히만 정리하자면, 해당 기업의 영업손익 및 영업외손익 항목을 합리적으로 쉽게 조정한 적정한 실적으로 자본수익률(ROE)

을 구하고, 이익의 안정성, 지속성과 성장성에 따른 기업의 고유한 리스크를 도출하면, 적정주가를 비교적 정확하고 합리적으로 판단하는 것이 가능합니다.

개인투자자와 기관투자자를 아울러서 가치투자를 통해 수익을 창출하려는 투자자들에게는, 주식의 가치를 평가하는 이 모든 것들이 실제 기업의 경영활동과 가치평가 요소를 이어주는 공식을 체계적으로 배우고 이해함으로써 비로소 어렵지 않게 가능해집니다.

가치평가방법 소개

주식의 적정한 주가를 산정하는 주식가치평가 방법에는 상대평가방법과 절대평가방법이 있습니다. 절대평가방법은 보다 더 본질적으로 가치를 평가하는 방법이며, 상대평가방법은 절대평가방식에서 파생된 보기 쉽고 단기적으로 시장평균의 관성을 이용하는 평가 방법입니다.

우선 상대평가방법에는 아래와 같은 방법이 있습니다.
시가총액이 당기순이익의 몇 배인가, 혹은 주가가 주당순이익(EPS)

의 몇 배인가를 나타내는 PER 상대평가방법(혹 배수법)은, 기업이 계속기업으로써 수익성이 좋아야 해당 기업은 물론 주주도 돈을 벌기 때문에 합리적인 면이 있습니다. 다만, 경기에 따라 실적이 상당히 변하는 경기변동형 기업의 경우 몇 년에 걸쳐서 당기순이익의 증감율이 크게 변할 수 있으며 심지어는 손실을 내는 경우도 발생하므로, 매년 말의 당기순이익을 그대로 사용하여 평가하기에는 무리가 있을 수 있습니다. 물론, 매출액과 주요 비용률을 합리적으로 조정하는 실적조정법을 배우게 되면 현대중공업이나 기아차, 삼성전자 등과 같은 경기변동형 기업 역시 PER 상대평가방법으로 어렵지 않게 가치를 평가할 수 있습니다.

한편, 시가총액이 영업활동 현금흐름의 몇 배인가, 혹은 주가가 주당 영업활동 현금흐름의 몇 배인가를 나타내는 PCR 상대평가방법이 있습니다. 이 방법은 외상매출도 수입으로 인정하는 발생주의 회계(손익계산서)에서는 당기순이익이 흑자이면서도, 외상매출은 수입으로 인정하지 않는 현금주의 회계(현금흐름표)에서는 영업현금흐름이 적자일 경우, 실제로는 기업의 실적내용이 좋지 않을 수 있다는 정보를 반영한다는 장점이 있습니다. 그럼에도 불구하고 기본적으로 계속기업을 가정할 시에는, 발생주의 회계가 더욱 연속성이 있고 재무손익수치들이 추세를 띠는 대신에 현금주의 회계는 연속성이 상대적으로 떨어지며,

현금주의 회계가 가장 현재를 잘 반영하는 장점도 있는 대신 기간 별로 비교하면 추세를 파악하기는 쉽지 않다는 단점이 있습니다. 그러므로 PCR은 일견 매우 중요하면서도 일견 PER을 보조하는 용도로 가끔 활용하는 편입니다.

시가총액이 매출액의 몇 배인가, 혹은 주가가 주당매출액(SPS)의 몇 배인가를 나타내는 PSR 상대평가방법은, 특히 당기순이익의 변동성이 큰 업종의 경우 매출액 기준으로 가치평가를 하여 이익변동성으로 인해 왜곡될 소지를 다소 줄일 수 있으며, 경기변동형 기업의 경우 이 방법을 잘 사용하면 이익이 큰 폭으로 감소한 상황 혹은 적자상황에 투자하여 흑자 상황에서 매도할 수도 있습니다. 다만, 중기적으로 매출액 역시 변동성이 없지 않고, 매출액영업이익률 역시 기업 내외부의 질적 변화에 따라 중장기적으로 변할 수 있다는 한계가 있어, 매출액영업이익률 및 매출액순이익률 등의 대략적인 변동범위가 변하지 않는 비교적 성숙한 업종에서 사용하기에 편리합니다.

시가총액이 순자산(자본총계, 자기자본)의 몇 배인가, 혹은 주가가 주당순자산의 몇 배인가를 나타내는 것이 PBR 상대평가방법입니다. PBR 상대평가방법 중 청산가치로 평가하고자 하는 경우 공장, 매출채권 등 모든 자산의 공정가치를 효과적인 공정가치 산정 툴을 활용하여, 우선 총자산의 가치를 산정합니다. 산정된 총자산 금액에서 부채가치를 빼면 순자산 금액이 나오는데 대개 이를 기준으로 실질 PBR이 0.7 이하인 기업에 선별적으로 투자하는 방법이 교과서적인 기초 청산가치 투자방법입니다.

한편 PBR 상대평가방법 중 계속기업으로써 평가하고자 하는 경우 자본수익률(ROE)이 높을수록 순자산의 가치가 높아지는 수익가치 평가법으로 활용할 수 있으며, 기업의 총자산 중 자기자본은 타인자본(부채)과 달리 장기자산 성격을 띠는 항목으로, 자기자본의 소유지분에 해당하는 주식자산 특성상 단기예금이나 단기채권과는 달리 기본적으로 계속기업으로써 평가하는 편이 합리적입니다. 기업이 스스로 혹은 외부주체에 의해 기업전체 혹은 일부 자산을 처분하려 하는 기간 동안 청산가치가 일부 효용이 있는 것을 제외하면, 기업의 일생 대부분의 기간 동안은 계속기업으로써 가치평가하는 편이 타당하기 때문입니다.

한편, 특정 기업을 완전히 인수 혹은 소유하는데 드는 비용에 해당하는 기업가치(내재가치가 아님)가 세전영업이익의 몇 배인가를 계산하는 EV/EBIT 방법이 있습니다. 이 방법은 인수대상 기업이 보유하고 있는 현금, 예금 등 비영업 유동자산을 처분할 수 있는 대신에 인수대상 기업이 빌린 부채에 대해서도 지불해야 할 인수합병 주체 입장에서, 기업의 매수에 든 비용을 몇 년 만에 세전영업이익으로 회수가능한지 나타내는 평가방법입니다. 기업전체 소유 혹은 인수합병 주체의 기본적인 밸류에이션을 알 수 있습니다.

다음으로 절대평가법을 개략 설명드리겠습니다.

우선, 절대평가방법에 대해 모르는 상태에서 들으시면 조금 혼란스러울 수 있지만, 본래 PER, PBR, PSR 등 상대평가방법 즉 배수법은 모두 절대평가방법으로 적용이 가능합니다. 사실 같은 PER, PBR, PSR 이라도 절대평가방법으로 사용하는 것이 보다 근본적인 방법에 해당하며, 배수법에 해당하는 상대평가방법은 오히려 절대평가방법에서 나온, 보다 쉬운 표기법에 불과합니다.

한 기업을 기준으로 역사적인 과거추이와 비교하거나, 혹은 기업 상호간에 상대적 배수를 비교하는 대신, 해당기업에 적합한 할인율 밴드를 합리적으로 산정, 즉 적정한 절대배수를 산정하여 PER, PBR, PSR 평가방법 등을 더욱 신뢰성 높게 구하는 것이지요.

한편 상대평가이건 절대평가이건 간에 상관없이, 애초에 PER은 가치평가의 기준이 되는 적정 당기순이익에 대한 안정성, 지속성, 성장성 등 순이익의 질적 특성을 영구적으로 가정한 모델로써, 하나의 순이익

금액에 배수 혹은 할인율을 적용한 평가방법인데 비해, 하나의 순이익 금액이 아니라 일정기간 미래의 이익을 실제로 추정하는(예를 들면, 5~7년간) 방식의 절대평가방법들도 있습니다. 이런 방식의 주요 절대평가방법으로는 RIM(잔여이익모형), DCF(현금흐름할인) 등이 있습니다.

투자교육에서 다루는 DCF를 개략 설명드리자면, DCF는 자본총계 혹은 당기순이익부터 시작하지 않고, 총자산 중 영업가치와 비영업가치를 분리하여 각각의 가치를 계산한 후 합산하고 최종적으로 부채가치를 빼는 방식인, 기업 실체 중심의(자본총계 방식이 아닌) 절대평가방법에 해당합니다.

DCF 가치평가의 개괄적인 수순은, 미래의 전체 잉여현금흐름(FCF) 추세를 산출하고 미래의 모든 잉여현금흐름을 현재가치로 환산하여 영업가치를 계산한 후, 나머지 비영업자산의 공정가치를 영업자산가치에 더하고, 마지막으로 부채가치를 빼서 자기자본(순자산) 가치를 구하는 것입니다. 이를 DCF로 구한 적정 시가총액이라고 하며, 주식수만큼 나누면 적정주가가 됩니다.

조금 어렵게 느껴지겠지만 한 꺼풀만 더 이해하자면, 잉여현금흐름이란 기업의 세후영업이익으로부터 유형자산과 운전자본이 증가한만큼을 뺀 수치입니다. 좀 더 풀어서 이해하자면, 실제 유형자산에 대한 현금지출이 아닌 감가상각비용은 세후영업이익에 그만큼 더해주고, 실제 유형자산 현금지출은 빼며, '영업에 묶인 돈'에 해당하는 운전자본이 증가한 만큼을 또 빼 준 이익이 잉여현금흐름이며, DCF에서는 잉여현금흐름을 정말로 주주와 채권자 모두에게 처분 가능한 이익이라고 표현합니다.

예를 들어, 어떤 기업의 세후영업이익이 1000억 원인데, 매년 감가상각비가 200억 원이며 주기적인 유형자산 현금지출을 연간 기준으로 평준화한 금액이 300억 원이고, 매년 매출액이 증가하는 비율만큼 대략 운전자본이 100억 원 증가한다면, 이 기업의 잉여현금흐름은 1000억 원에서 200억 원을 더하고 300억 원을 뺀 뒤, 다시 운전자본 증분인 100억 원을 뺀 금액인 800억 원이 됩니다.

한편 현재가치로 환산한다는 말이란, 5% 이자율을 약정한 예금의 1년 후 가치가 105억 원일 경우, 1년 전인 올해 기준으로 100억 원의 가치밖에 없듯이, 미래의 이익을 현재가치로 줄이는(할인하는) 것을 말합니다.

다만, DCF의 치명적인 약점은 기업 전체 관점에서(자본총계가 아닌 영업자산의 수익가치) 복리계산을 하기에 자기자본, 혹은 순자산만 소유하는 자본주체(주식투자자)의 복리가치상승률 혹은 복리투자수익률과 맞지 않는 밸류에이션 방법이며, 대개 적정주가가 자기자본이나 순이익에 기반한 가치평가방법보다 높게 나오는 편이라는 점입니다. 우선은 이 정도만 이해하시면 됩니다.

한편, DCF보다 진보한 혹은 DCF를 자본투자자를 위해 응용한 절대가치평가법인 RIM(잔여이익모델) 역시 어려운 방법이지만, 기준이익이 세후영업이익이 아닌 당기순이익이라는 특징이 있습니다. 가치평가 방법을 개략 설명드리면, 특정 기업의 고유한 리스크(할인율)를 감안하여 기본적으로 창출해야 할 당기순이익 수준까지는 자본가치를 장부가치 그대로 가치평가하고, 기본이익을 초과하여 창출하는 '잔여이익' 만큼은('초과이익'이라고도 함) 수익가치로 계산하여, 앞서 계산한 자본의 장부가치와 초과이익에 대한 수익가치를 합산하여, 적정시가총액(혹은 적정주가)을 구합니다. 구체적인 공식과 활용은 주식가치평가사 과정에서 설명드리고 있으며, 여기서 RIM의 장점을 이해하자면 DCF에 비해 전제와 가정이 적어 산정하는 수치의 오차범위가 적다는 점이고, 철저히 주주관점의 밸류에이션 방법이라는 점입니다.

상대평가와 절대평가의 차이

상대평가방법은 기본적으로 무언가와 비교하여 평가하는 상대적인 방법입니다. 그 비교 대상은 해당기업의 PER, PBR, PSR 등 과거의 평균 수치를 우선 기준으로 잡아서 현재 수치와 비교하되, 나아가서 동종업종 내 타 기업과 비교하거나 동종업종 평균과 비교하기도 합니다. 하루하루를 기준으로 보면 증권시장은 매우 비합리적일 때가 많지만 시장이 중장기적으로 한 기업을 평균적으로 평가하는 데는 그만한 이유가 있다는 것이 상대가치평가의 기본적인 전제가 되므로 일견 합리적으로 보입니다만, 사실 증권시장의 중기적인 가치평가 자체가 합리적이지 않을 수 있다는 근본적인 한계가 있습니다. 예를 들면 지속적인 성장성을 가진 성장기업이 아닌 기업들도 2~3년에 걸쳐서 크게 이익이 성장할 수 있는데, 예외적으로 전후방산업에 해당 기업에 매우 유리하게 움직일 때 그럴 수 있습니다. 탁월한 시장선도력과 경쟁력에 의한 이익증가가 아니라, 원재료가격이 몇 년간 추세적으로 하락하고, 제품 수요와 가격이 추세적으로 상승할 경우 이익이 대폭 증가할 수 있습니다. 그럴 경우, 원재료 제공업체들의 구조조정이 대략 마무리되면 원재료가격은 서서히 회복할 것이며, 수요와 가격이 동시에 상승하는 좋은 시장에 자연스럽고 필연적으로 경쟁사들이 진입하게 되면서 제품공급이 증가하고 가격은 하락하는 상황이 반드시 뒤따라 오게 됩니다.

그럴 경우 과거 이익이 폭증했던 몇 년간의 PER, PBR, PSR이 높은 것 자체가 거품이며, 과거 몇 년 평균의 밸류에이션을 현재 및 미래에 적용하는 것은 큰 투자손실을 부르는 실수입니다.

특정기업의 과거와 빗대어 비교하는 것 말고 동종업종 내 경쟁사와 비교하는 것도 일부 한계성이 있는데, 시장 전체가 고평가이고 특히 경쟁사가 초고평가 상황으로 높은 주가로 거래될 때, 경쟁사 대비 아직 상대배수가 낮다는 이유로 주식투자를 했다가는 시장이 자연스럽게 급락할 때 함께 큰 손실을 보게 됩니다.

상대평가방법의 장단점은 모두 굉장히 명확한데, 증권시장에서 해당 기업에 관심을 가져왔던 모든 투자주체들이 중장기적으로 해당 기업에 그 정도의 밸류에이션을 주었기 때문에, 시장의 주가가 단기적으로 상대평가방법의 적정주가로 회귀하게 되는 (투자자들에 의한) 관성이 존재한다는 것이 장점입니다. 즉, 절대평가방법에 비해서 상대평가방법이 단기적으로 적중할 가능성이 오히려 높을 수 있습니다.

다만 단점 역시 명확하여, 시장은 단기적으로 전능하지 않을 뿐 아니라 중기적으로도 전능하지 않을 수 있기에, 상대평가방법으로 산정한 적정주가가 그 기업의 실제 내재가치, 진정한 적정주가와 다소 차이가 날 수 있다는 것입니다.

한편 절대평가 방법이란, 표면적으로는 미래에 발생할 수익을 모두 현재가치화하는 방법으로만 알려져 있습니다. 하지만 실제로는 몇 년 치의 미래이익을 일일이 추정하고 이후의 미래이익은 영구이익에 기반한 영구가치로 산정하는 방식이든지, 합리적인 방법으로 현재의 적정이익을 비교적 정교하게 구하고(본질을 파악하지 못하면 이 부분이 어려울 수 있음) 하나의 적정이익만을 대입하여 영구가치로 평가하는(버핏도 복잡한 기업 외에는 대체로 이 방식을 쓰는 걸로 판단됨) 방식이든지간에 상관이 없습니다. 즉, 5년에서 7년에 걸친 잉여현금흐름을 개별적으로 구하는 데서 DCF 평가를 시작하든지, 혹은 최근의 잉여현금흐름을 적정하게 조정한 적정 잉여현금흐름을 영구가치산정 방식으로 하여 DCF 평가를 실시하든지, 애초에 절대 PER 방식으로 올해의 적정한 당기순이익을 도출하여 영구가치산정 방식으로 절대가치평가를 하든지 간에 상관이 없습니다.

보다 중요한 것은 해당 기업에 맞는 절대적인 리스크(할인율)의 범위를 구한다는 것, 혹은 변하지 않는 적정한 배수의 범위를 구한다는 것을 의미합니다. 예를 들어 어떤 기업의 적정한(근본적인) 리스크가 8~10% 사이에 존재한다면, 다른 기업의 시장배수는 물론이고 이 기업의 과거 시장배수에 크게 의지할 필요도 없이 8~10%의 할인율을 뒤집은 PER 10~12.5가 적정주가라는 이야기입니다. 물론, 관심기업 주가의 단기적인 관성을 파악하기 위해서 상대평가법을 통한 적정주가 또한 참조해서 투자할 경우 훨씬 안전하면서도 수익을 충분히 확보하는 주식투자를 할 수 있을 것입니다.

활용하기 쉬운 주식가치평가법

모든 주식투자자들은 고객을 응대하고 고객의 투자를 도와주는 수많은 준전문가, 혹은 실제 투자분석 및 운용을 하는 전문가가 될 필요는 없지만, 모든 주식투자자들은 주식투자에 있어서 전문가들이 사용하는 핵심도구들만큼은 어느 정도 쓸 줄 알아야 합니다. 그것들 중에서 가장 어렵지만 효용이 큰 것들이 주식의 가치평가방법(툴)입니다.

우선 상대평가방식의 PER이 가장 쉽게 사용할 수 있으면서도 대체로 효과가 있는 평가방법이라 할 수 있습니다.

PER(주가수익비율)은 현재의 시가총액이 당기순이익의 몇 배이냐를 말하기도 하지만, 당기순이익에 적정한 PER을 곱하면 적정한 시가총액을 산출할 수 있는 공식이기도 합니다.

그러므로 기준이 되는 순이익을 잘 산정해야 합니다. 매출액과 주요 비용만을 합리적으로 조정하면 영업손익과 영업외손익을 쉽게 조정하는 방법이 있는데, 일단 기초적인 부분들 중 한 가지만 언급하자면, 평소보다 영업외손익이 과도하게 높거나 낮을 경우 영업외손익 항목 중 일정하지 않고 특별한 손익항목을 제거한 후 당기순이익을 새로 구해야 합니다. 서너 가지 과정을 통해 대략 적정한 당기순이익을 도출하고 나서 해당 기업의 역사적인 평균 PER(개략 5년 이상)을 적용하면, 주가의 단기적인 관성에 의해서 그 정도까지는 주가가 올라가거나 내려갈 확률이 높습니다.

예를 들어 기준이익 100억 원에 역사적 PER이 10일 경우 적정시가총액은 1000억 원인데, 그에 반해 현재 시가총액이 700억 원이면 30%정도 싼 편이라고 할 수 있으며, 이 경우 주가가 더 하락할 수도 있지만 단기적으로 700억 원에서 1000억 원까지에 해당하는 43% 가량의 상승여력이 있으므로, 대개 매수후보 혹은 매수구간에 서서히 진입하고 있다고 말할 수 있습니다.

보다 체계적인 수치조정 등 체계적인 공식을 교육을 통해 쉽게 배운다면 열 개 이내의 유망종목에 집중투자가(기대수익률이 높은) 가능하지만, 일단 위에 말씀드린 것만을 적용한다 할지라도 이삼십 개 이상의 종목에 대한 분산투자를 통해 리스크를 줄일 수(단, 기대수익률은 소폭 하락) 있습니다.

한편, PER을 보완하는 가치평가방법으로 EV/EBIT 혹은 EV/EBITDA가 있습니다. 개인투자자에겐 잘 알려지지 않은 개념이지만 네이버를 포함한 여러 증권포털에 기업마다의 EV/EBITDA 수치를 쉽게 참조할 수 있어 접근성이 높은 가치평가방식입니다. 어떤 의미에서 PER을 보완하느냐 하면, PER은 소수주주의 입장에서 해당 기업의 고평가 혹은 저평가를 판단하는 방식인데 반해, EV/EBITDA의 경우 기업을 인수하려는 주체 혹 기업소유자 관점에서 해당 기업의 고평가, 저평가를 판단하는 방식이기 때문입니다. 똑같은 질의 당기순이익 1000억 원을 내고 있는 두 기업의 역사적인 평균 PER이 10이라면, 두 기업 모두 상대가치평가 PER 방식으로 계산한 적정시총은 1조 원입니다. 하지만 한 기업은 부채가 전혀 없고 당장 활용이 가능한 현금만 5000억 원이고, 다른 기업은 수중에 현금이 없고 은행에서 차입한 부채가 5000억 원이라고 한다면, 과연 두 기업의 적정 시가총액이 같은 것을 정상으로 볼 수 있을까요?

여기서 어설프게 투자를 익히거나 잘못된 책이나 부족한 전문가에게 투자를 배운 초보투자자의 경우 '이것을 정상으로 볼 수 없다. 상대 PER 방식으로 산출한 시가총액에다가 현금가치를 더해야 하고, 부채가치는 빼야 한다.'고 말할 수도 있습니다.

하지만, 한 기업은 활용 가능한 현금을 5000억 원 정도로 (계속 보수적으로) 유지하려고 해 왔고, 한 기업은 사업에 유리하게끔 높은 신용도를 이용해서 저리로 5000억 원 차입금을 빌렸지만 부채비율도 높지 않아 차입구조를 반영구적으로 유지하려고 합니다. 그리고 이 두 기업의 오너는 지분율이 각각 50%를 초과하고 있으며, 현재의 재무구조(남는 현금과 빌린 부채)를 바꿀 계획이 장기적으로 전혀 없다고 한다면 어떨까요?

소수주주 관점에서 적정한 시가총액은 전혀 차이가 없습니다. 왜냐하면 5000억 원의 현금과 5000억 원의 부채가 매년 창출되는 1000억 원의 순이익에 영향을 주지 않기 때문이고, 과반수 지분율을 소유한 오너가 5000억 원의 현금과 5000억 원의 부채에 대해 어떤 변화도 원치 않기 때문입니다.

그러나 적정한 시가총액은 (소수주주의 관점과 달리) 기업전체를 소유한 주체의 관점에서 엄청난 차이가 있습니다. 처분할 수 있는 5000억 원을 수익자산으로 바꿀 경우 당기순이익이 1000억 원보다 훨씬 커질 수 있기 때문입니다. 구체적으로 두 가지의 경우, 오너가 현금성자산을 수익자산으로 바꿀 경우 현금성자산의 가치가 주가에 반영될 수 있고, 만약 오너의 지분율이 낮을 경우 기업이 가지고 있는 5000억 원의 현금자산이 탐이 나서 기업사냥꾼 혹은 다른 기업오너가 이 기업의 지분을 대량으로 매입하기 시작한다면 또한 현금성자산의 가치가 주가에 반영될 수 있습니다.

역으로 말하면, 기업의 태반을 가진 내부자와 태반을 가지려고 하는 외부자에 의해 놓고 있는 현금성자산의 가치가 주가에 반영되기 전에는, PER 평가방식으로는 현금성 자산의 가치가 어느 정도인지를 알 수 없다는 단점이 있습니다.

그러한 기업 전체의 관점에서 유용한 상대평가방식으로 기업총가치(기업인수비용)를 세전영업이익으로 나눈 EV/EBIT, 혹은 세전영업이익에 유형자산 감가상각비와 무형자산 상각비를 더한 이익을 기준으로 기업총가치를 나눈 EV/EBITDA 등이 있습니다.

이 중에서 제 생각에도 명확히 그렇고, 언젠가 워런 버핏이 말한 바도 그렇고, EV/EBIT가 확실히 더 탁월한 개념입니다. 왜냐하면 유형자산 감가상각비와 무형자산 상각비의 개념이, 실제로 유형자산 혹은 무형자산에 투자할 당시에 현금이 한꺼번에 나가고 그 이후에는 실제 현금이 나가지 않는 것은 맞지만, 어차피 오랜 시간을 두고 주기적으로 유형자산과 무형자산에 투자를 해야 하는 기업이라면 매년 빠져나가는 실제 비용과 차이가 없는 것이기 때문입니다. 즉, 각종 상각비를 비용으로 인정하지 않고 이익을 불려서 보이려는 태도는, 향후 몇 년 혹은 10년 동안에도 주기적인 유형자산, 무형자산 투자를 하지 않을 것이라는 허황된 전제를 깔고 있는 것입니다.

　다만, 기업의 입장에서는 매년 회수하는 이익이 많아 보이는 것이 투자자에게 더욱 매력적이며, 증권사, 운용사 등 투자업계도 마찬가지로 이익이 많아 보이고 저평가되어 보이는 것이 고객들의 투자를 더욱 활성화하여 업계의 수익구조에 좋기 때문에, 업계 구조상 실제로는 장기적, 근본적으로 더 합리적인 개념인 EV/EBIT 수치는 거의 볼 수 없고 EV/EBITDA 수치만을 볼 수 있는 상황입니다. 그럼에도 불구하고 PER을 보완한다는 점에서 EV/EBITDA의 장점 역시 무시할 수는 없으므로, 개인투자자들은 쉽게 볼 수 있는 수치를 통해 기업인수자 입장의 밸류에이션을 참조하면 됩니다.

　EV/EBITDA의 예를 들면, 어떤 기업의 시가총액이 500억 원인데 은행에서 빌린 부채를 다 갚고 난 후에도 기업의 여유 현금이 200억 원이라면, 실제 그 기업의 주식을 다 사는데 드는 인수비용은 500억 원이 아니라, 500억 원을 지불하여 기업을 인수한 후 바로 얻을 수 있고 처분할 수 있는 현금가치 200억 원을 뺀 300억 원인 것입니다. 그런데 EBITDA라는 각종 상각비를 더한 세전영업이익이 150억 원이라면 2년 만에 정확히 인수비용을 회수할 수 있는 셈이지요. 이것이 EV/

EBITDA 방법에 해당합니다. 즉 기업전체 혹은 인수주체 기준으로 기업의 주가매력도를 보는 것으로, 같은 PER 매력도라고 할지라도 한 기업은 EV/EBITDA가 7이고 한 기업은 EV/EBITDA가 3이라면, 그 수치가 낮은 주식이 추가적인 주가상승 가능성이 큰 것입니다.

기타 효과가 뛰어난 가치평가법

효과가 뛰어나려면 내재가치를 산정하는 방식이 가장 타당해야 하고, 그 방식이 가장 타당한 공식이 되기 위해서는 몇 가지 핵심적인 가치평가 개념이 들어가야 합니다.

앞에서 언급한 두 개의 활용하기 쉬운 방식과는 달리, 가장 실전투자에 효용이 뛰어난 가치평가방법들은 다소 어려울 수 있기 때문에, 주된 설명은 교육의 방식을 제안하면서, 간단히만 정리하겠습니다.

절대평가법에 해당하는 RIM 방법과 한국주식가치평가원의 영문명을 붙인 KISVE 절대 PBR 방법이 가장 효과적이고 기업가치를 적정주가로 잘 환산한 개념입니다.

우선 RIM의 경우, 기업의 자본은 기본적으로 리스크를 고려한 할인율보다 유지가능한 수익률이(ROE) 커야 한다는 것을 전제로 합니다. 예를 들어 자기자본이 1000억 원이고 유지가능한 ROE가 20%이며 조정된 당기순이익이 200억 원인 특정 기업의 할인율이 8%라고 가정합니다. 당기순이익 200억 원 중에서 할인율인 8%에 해당하는 이익, 즉 1000억 원×8%인 80억 원까지는 순자산가치(총자산-부채)인 1000억 원을 그대로 계산하고, 할인율 8%를(80억 원) 12%나(120억 원) 초과하여 20%의(200억 원) 자본수익률을 창출했을 때, 당기순이익 중 초과이익에 해당하는 120억 원만큼을 수익가치로 계산하는 방식입니다. 초과이익 120억 원에 대해서 이 기업의 할인율이 8%이므로 PER 12.5를 적용하면 초과수익가치는 1500억 원이 됩니다.

결론적으로 RIM 방식으로 이 기업의 적정주가를 계산하면 순자산가치 1000억 원과 초과수익가치 1500억 원을 더하여 2500억 원이 됩니다.

또한 KISVE 절대 PBR 방법은 자본가치의 몇 배가 적정 시가총액인지를 판단하는 합리적인 툴입니다. PER(시가총액/순이익)과 ROE(순이익/순자산)를 곱하면 PBR(시가총액/순자산)이 되는데, 한 기업의 유지가능한 자본수익률(ROE) 수치가 높을수록 적정 PBR이 높아지고, 리스크가(할인율) 낮아서 적정 PER이 높을수록 적정 PBR이 높아집니다. 이 방법은 기업의 내재가치, 즉 적정주가의 음양 중에서 양에 해당하는 수익률과 음에 해당하는 리스크를 감안하여 적정주가를 산정하는 뛰어난 툴입니다.

위 RIM과 동일한 수치의 기업을 대입하면 이 기업의 유지가능한 ROE는 20%이고 할인율은 8%이므로, 적정 PBR은 유지가능한 ROE 20%(0.2)에 절대 PER 12.5(할인율 8%)를 곱한 2.5가 됩니다. 적정 PBR이 2.5인데 자기자본이 1000억 원이므로 이 기업의 적정 시가총액은 2.5×1000억 원=2500억 원으로 위 RIM의 결과와 동일하게 됩니다.

기업은 예금과는 달리 가격변동이 심한 위험자산이기도 하지만, 우량한 기업의 경우에는 해당 기업의 위험(리스크)을 초과하는 이익을 지속적으로 창출하는데, 주식가치평가에 있어 위 두 절대평가방법은 이러한 본질적인 기업의 개념과 잘 맞는 효과적인 적정주가 산정방법 입니다. 다만, 유지가능한 ROE와 조정순이익의 개념은, 체계적이고 쉽게 배우지 못하면 매우 계산하기 어렵다는 점이 있습니다.

02 내재가치의 투자주체별 단계 (소수주주, 대주주, 인수주체)

주식투자를 할 때 매일매일 주가를 보고 일희일비할 수도 있지만, 조금 더 호흡을 길게 하여 연 단위로 보게 되면 1년 1년이 순식간에 지나갑니다.

그 동안 국가 전체적으로 부는 자연스럽게 증가하고, 경쟁력이 강한 기업의 이익은 그보다 가파른 속도로 증가합니다. 미국 100년 주식시장을 보면 연평균 10% 정도씩 지수가 상승하였다고 합니다.

여기서 기업규모와는 무관하게 가치가 비교적 빠르게 증가하는 우량한 기업들을(스노우볼 기업) 각종 재무손익비율과 가치평가공식으로 가려내는 것이 정량적인 선별법이고, 기업경영활동을 이해하고 경쟁력과 수익능력을 판단하는 것이 정성적인 선별법이며, 가치가 증가하는 기업의 현재 적정주가(내재가치)와 가치상승률을 산정하는 것이 다양한 밸류에이션 툴입니다.

단순히 정량적 선별법이라고 설명드렸지만, 숫자에 불과한 재무상태와 실적분석, 각종 투자수익률 지표임에도 불구하고, '화강암을 보고 화산활동이 있었음을 알 수 있고', '습도를 살펴보고 비가 올 것이라는 추정을 할 수 있듯이' 과거로부터의 수치와 비율들을 서로 유기적, 입체적으로 볼 수 있는 눈만 교육과 훈련을 통해 갖춘다면, 실제로 기업활동에 대한 충분한 이해를 바탕으로 집중투자를(광범위한 분산투자가 아닌) 충분히 할 수 있다고 하겠습니다.

재무손익비율과 가치평가 툴은 막상 혼자 익히려고 하면 너무 어렵거나 각 개념들을 중구난방으로 습득하게 되지만, 효과적으로 몇 가지 핵심 전문공식과 지표를 일목요연하게 배울 경우 몸에 익을 정도로 쉽게 이해할 수 있습니다.

여기서 설명하고자 하는 것은 바로 하나의 투자대상(기업)임에도 불구하고 투자주체별로 내재가치, 즉 적정주가가 다를 수 있다는 점으로, '투자주체별 적정주가의 차이와 소수주주 투자자의 적정주가'를 주제로 이야기할까 합니다.

이 부분은 투자의 전체 프로세스 중의 하나인 '밸류에이션(가치평가)', 그 밸류에이션 과정 중의 일부인 '가치평가의 개념' 부분, 가치평가 개념 부분의 여러 가지 강의주제 중에서도 '투자주체별 주가레벨 차이'에 해당합니다.

같은 투자기업에 대해서 적정주가를 달리 산정하는 것이 합리적인, 서로 다른 투자 주체를 세 가지로 분류하겠습니다.

첫 번째 투자주체로 대부분의 개인투자자와 일부 기관투자자에 해당하는 소수주주가 있고, 두 번째 투자주체로 최대주주 및 경영권에 충분히 영향을 줄 수 있는 투자주체에 해당하는 대주주가 있고, 세 번째 투자주체로 특정 기업을 인수합병하려는 인수합병 주체를 들 수 있습니다.

위의 투자주체 분류는 똑같은 한 기업에 대한 적정주가의 수준에 따라 투자 주체를 3분한 것으로, 개인투자자 중 초보투자자, 투자고수, 정보가 많은 기관투자자 중 일부 등을 막론하고, 경영권에 영향을 주기 힘든 수준의 지분을 가진 주주 소수주주의 적정주가(기업의 가치)는 유사합니다. 대개 소수주주의 적정주가는 경영권 활동과 무관하게 기업의 영업활동으로 창출된 조정 당기순이익 등의 가치로 판단하며, 이러한 소수주주의 적정주가는 대주주의 적정주가와 같을 수가 없습니다.

대개 대주주 기준의 적정주가는 더 높은 편이며, 이는 기업이 보유하고 있는 각종 자산을 활용, 처분할 수 있는 경영활동이 가능하기 때문입니다. 소수주주가 매입한 주식의 적정주가가 대주주 기준의 적정주가에 이르기까지 상승하거나 혹은 대주주 기준의 적정주가와 일치하기 위해서는, 대주주 기준의 기업가치(적정주가)를 현재의 주가에 반영하려는 대주주 측의 경영활동 의도나 노력이 있어야 합니다. 한편, 개별 기업 별로 대주주 기준의 주가를 산정하는 것은 교육을 통해 개별적으로 익히게 되지만, 소수주주의 적정주가보다 평균적으로(상장사 평균) 20~30% 정도 할증(할인이 아닌 증가하는 개념)되는 편입니다.

인수합병 주체의 밸류에이션은 소수주주 가치보다는 물론, 대주주 가치보다도 훨씬 높다고 생각하면 됩니다만, 이 부분은 사실상 공개된 재무제표 자료를 통해 알 수 있는 것이 아니라 시너지 효과 등에 대한 정성적인 분석능력이 필요합니다. 인수합병 기업이 피인수합병 기업을 인수함으로써 수익을 증가시키는 측면과 비용을 감소시키는 측면 등 다양한 형태의 시너지 효과가 발생할 것이고, 인수합병 가격은 기존 '피인수합병 기업의 대주주 가치'와 '인수합병 주체의 시너지 효과를 감안한 가치' 사이에서 협상과 절충을 통해서 결정됩니다. 한편, 인수합병 이벤트는 주식투자자들이 관심을 가진 기업의 경영활동에서 상시 있는 것이 아니라는 제한점이 있습니다.

좀 더 구체적으로 들어가서, 가치평가의 전제 한 가지를 설명하면서 각 주체별 밸류에이션의 접근법을 간단히 언급하겠습니다.

가치평가의 전제 중 하나는, 하나의 대상(혹은 자산)에 대해서 두 가지 관점 이상의 가치평가를 하여 중복 합산하지는 않는다는 것입니다. 이는 중복 계상으로 명백한 오류이지요.

쉽게 이해하기 위해서, 한 기업이 한 개의 공장만 운영하는 간단한 모델을 예로 들면, 그 기업의 공장부지 및 건물에 대해서 공정가치(혹은 시가)로 계산하여 자산가치 관점으로 가치를 계산했다면, 해당 공장에서 생산하고 판매한 제품이 기여한 영업이익과 순이익 등으로 수익가치를 더할 수 없다는 것입니다.

공장에서 생산을 하려면 공장을 처분할 수 없으며, 공장을 처분하고자 하면 생산을 할 수 없기 때문에, 동일한 하나의 자산에 대해서 수익가치와 자산가치를 각각 계산하여 중복 합산해서는 안된다는 것입니다.

그리고 각 주체별 밸류에이션에 대해서 접근법만 간단히 요약하자먼, 소수주주의 경우 주로 현금흐름이나 이익에 기반한 가치평가를 하며, 대주주의 경우 소수주주 가치에 더하여, 수익가치에 전혀 기여하지 않았으며 처분이 가능한 자산의 가치를 고려하여 따로 가치평가를 한 후 합산하고, 인수합병 주체의 경우 대주주의 가치에다가 시너지에 의한 창출 가능한 추가이익을 계산하여 이를 합산한 가치평가를 합니다.

그러므로 개인투자자뿐 아니라 기업활동을 좌지우지할 수 있는 의사결정력에 미달하는 지분만 소유한 대부분의 기관투자자들 역시, 평가원에서 교육하는 소수주주의 현실적인 밸류에이션 방법을 적정주가로 인식해야 하며, 대주주 가치 기준으로 산정한 적정주가는 향후 어쩌다가 발생할 수 있는 '우연적인 덤'의 개념으로 접근해야 할 것입니다. 다만, 장기간에 걸친 투자의 경우 대주주 가치가 반영되는 시기가 간헐적으로 도래할 수 있습니다.

대개 자신이 투자한 기업은 실제보다 아름다워 보이는 편입니다. 그러므로 주식투자를 갓 배운 초보투자자들의 경우 관심기업에서 뽑아낼 수 있는 가치는 모두 뽑아내고 이를 모두 합산하여 적정주가를 주관적으로 계산하는 경우가 종종 있습니다. 하지만 개인투자자나 소유 지분율이 낮은 기관투자자의 경우 기업의 경영자원을 배분할 수단이나 능력은 없는 법입니다. 소수주주로서 합리적인 주가산정에 의한 목표수익률을 기본적으로 확보하고, 대주주 가치와의 괴리율을 따로 파악하여 덤으로 얻을 수 있는 장기적이고 잠재적인 추가수익률을 계산해 놓는다면 보다 합리적이고 현명한 투자자가 될 수 있습니다.

대개 지속적이고 장기적인 수익을 누릴 수 있는 경우는 합리적인 투자의 경우뿐이라는 것을 명심하기 바랍니다.

시장대응 포트폴리오와 응용전략

★ ★ ★

VALUE INVESTMENT

01 매매포지션과 포트폴리오

매매포지션의 근거

강의를 통해 만나는 개인투자자들, 혹은 제 주변의 기관투자자들에게 가끔 해드리는 말이 있습니다.

"주식투자로 정말 지속적인 수익을 내려면, 자신이 원하는 최종 형태의 자산이 주식이 되어야 합니다."

자신이 투자하는 주식이라는 대상, 즉 기업소유권의 일부를 잘 이해해야 하고, 또한 가치와 가격변동이라는 주식자산의 본질과 현상에 대해 불안감이 없어야만, 최종적인 자산을 주식으로 유지할 수 있습니다.

투자수익을 원하지만 투자대상을 확실히 이해하지 못하는 경우, 결국 가장 이해하기 쉬운 현금이라는 자산형태로 가능한 한 빨리 혹은 자주 전환하고 싶어 하게 되는데, 이것이 애초부터 주식을 위험자산으로 만들고 나아가서 주식으로 큰돈을 안정적으로 벌 수 없게 합니다.

주식자산에 대해 이해하게 되고, 그 가치를 파악하게 되고 그 가치의 성장률을 이해하게 되면, 단순히 잘 모르기 때문에 생긴 불안한 현금화 욕구는 사라집니다.

주식자산의 내재가치와 현재의 주가를 비교하여, 내재가치 대비 상대적으로 주가가 더 싸다고 판단하면 주식을 사고, 내재가치 대비 상대적으로 주가가 더 비싸다고 판단하면 주식을 팔 경우, 불안감에 의한 현금화 욕구가 아니라, 가치와 가격에 대한 상대적 매력도만 매수매도의 이유로 남게 됩니다.

즉, 주식투자에 있어 핵심적인 것을 파악하고 있는 투자자의 가장 좋은 상태는, 잘 몰라서 확신하지 못하는 상태로 수익을 조금만 내고도 현금화하려고 하는 것도 아니고, 쩨쩨하게 작은 수익이 아니라 한 번에 대박을 노리는 위험한 투기를 시도하는 것도 아닙니다. 수익성과 성장성을 포함한 내재가치 대비 주가가 싼 종목을 찾아 선택적으로 투자하고, 투자기간 중 내재가치가 상승한 정도보다 가격이 일시적으로 너무 올라버려서 투자매력도가 떨어진 일부 주식을 파는 과정을 평생토록 반복하는 것입니다.

주식의 매매포지션에 있어서 주식의 가치평가가 얼마나 중요한지는 말할 필요조차 없으며, 평가원에서는 종합적인 주식가치평가, 즉 1회성 수익률에 해당하는 주식의 가치와 주가(가격) 간의 괴리율을 계산하고, 복리투자수익률을 결정하는 주식가치의 성장률을 분석하는 것이, 차트분석을 통한 추세의 분석보다 비교할 수 없이 중요하다고 판단하고 있고, 그러한 투자철학 아래 투자에 오래도록 성공적으로 임해왔으며, 최고의 투자교육을 지속적으로 제공해오고 있습니다.

즉, 기업가치와 같이 한 방향으로 누적되는 근본적인 요인이 아니라, 경기순환 요인과 투자심리 요인 및 자금수급 요인 등 주기적으로 순환하는(꾸준히 한 방향으로 상승, 하락하지 않고 결국 등락하는) 부수적인 요인들에 의한 주가상승 혹 하락 추세를 맞추려고 하는 것은 별로 생산적인 행위가 아닙니다. 그 대신에, 개별기업이나 증권시장전체 등에 대한 가치를 분석하는 행위가, 투자행위에 확신을 주며 결과적으로 복리수익률에 있어서 더욱 생산적인 행위입니다.

한편, 다른 투자자들이 보수적으로 시장을 우려하고 있을 때 과감하게 나아가고, 수많은 투자자들이 너도나도 시장을 낙관적으로 보아 투자에 덤벼들 때 신중할 수 있는 자세야말로 일류 투자자의 기질이라 할 수 있습니다.

더불어, 장기적으로 뛰어난 경쟁력을 지녀 왔고 앞으로도 유지할 수 있는 기업에 초점을 맞추는 투자철학이 더해진다면 지속적으로 성공하는 투자실적은 자연스럽게 따라오게 됩니다.

모든 강세장에는 거품을 터뜨릴 핀이 있다고 합니다. 거품은 어느 정도의 기간 동안은 스스로를 키우는 경향이 있지만, 결국 핀은 풍선을 터뜨리게 됩니다. 반면, 모든 약세장에는 투자수익을 낼 수 있는 기회가 널려 있습니다. 투자수익을 낼 수 있는 기회들은 모든 이들의 우려에 묻혀, 소수의 가치투자자들 외에는 잘 보이지 않다가 실제로 주가가 상당히 오르고 나서야 일반투자자들의 의심을 덜어내고 조금씩 확신을 심어주게 됩니다.

초보투자자는 강세장에서 대체로 즐거운 기억을 얻지만 강세장 말기에 크나큰 고통을 얻게 되고, 약세장에서 대체로 공포와 의심스러운 기억을 얻지만 약세장 말기에 가장 큰 성취감들을 맛보게 됩니다. 하지만 놀랍게도 이러한 것들은 아주 오래도록 반복되어 일어난 일입니다.

IMF 시절에 주가는 폭락했습니다. 또한 금리가 과도하게 높았기에 상당수 개인, 기관투자자들이 어설프게 밸류에이션을 해도 엄청나게 낮은(금리가 높아지면 주식의 매력도가 하락하는 이유 등으로) 주식가치가 산정되었습니다. 기업을 분석하고 주식의 가치를 평가하는 과정은 매우 합리적이고 중장기적인 요인을 고려해서 이루어지는, 그래서 결과에 대한 신뢰성이 있는 프로세스입니다. 상기 어설프다고 표현한 이유는 밸류에이션에 적용하는 기업의 순이익과 할인율 산정에 필요한 무위험수익률, 특정 기업의 리스크 프리미엄 등 여러 요소들을 산정할 때 당장 지금의 수치를 적용하는 것은 매우 어설프고 부족한 행위이기 때문입니다. 각 요소에 있어서 특별하거나 일시적인 부분 등을 감안하여 중장기적으로 유지할 수 있는 수치로 조정하여 적용하는 것이 정석이며, 또한 확실한 수익을 보장할 수 있습니다.

그런데 그 당시 외국인은 어떻게 한국시장에 투자를 했을까요? 엄청나게 높은 금리가 과연 반영구적으로 지속될 수 있을까, 라는 질문을 그 당시 대한민국 개인투자자들이 했었더라면, 그래서 그 당시의 대한민국 GDP 성장률과 장기적 물가상승률을 감안하면, 당시의 금리는 '주식회사 대한민국의 단기적 군살빼기(구조조정)'일 것이라고 생각을 했더라면, 삼성전자 등 블루칩의 주주 구성은 현재 조금 달랐을지 모릅니다.

경기 혹은 거시경제는 마치 우리 주변에서 볼 수 있는 파도나 계절처럼 순환합니다. 다만, 호경기 불경기에 따라 실적의 순환은 다소 있어도 기업가치 자체는 순환하지 않고 점차 가속적으로 누적되면서 증가합니다. 분석을 통해 가려내야할 문제이지만 좋은 기업의 가치는 대한민국 상장사 평균의 중장기 가치상승률과 비교하여 훨씬 빠른 속도로 우상향할 뿐, 결코 환율이나 금리처럼 순환하지(등락) 않습니다.

아침에 정신이 맑아서 공부가 잘 되는 것일 뿐이고, 저녁에 지쳐서 공부가 안 되는 것일 뿐인데, 특정 학생의 학습능력이 아침과 저녁에 본질적으로 변하는 것일까요? 이것은 일종의 순환적인 현상일 뿐입니다. 한편, 몇 개월간, 몇 년간 공부를 통해 누적되는 학습량은 해당 학생의 학습능력을 성장시킨 것으로, 본질적으로 누적되는 것입니다.

매번 오게 마련인, 그리고 시간이 지나면서 또 사라지게 마련인 불경기가 다가왔는데 왜 기업가치가 하락한다고 생각을 할까요? 영업사이클 순환에 의해 일시적으로 실적은 하락하겠지만, 다음 번 호경기가 오면 수요가 회복될 것이고 해당기업이 점유하고 있는 시장점유율(M/S)이 유지된다면, 그 수요는 고스란히 실적으로 연결되어 먼저 번 호경기에 비해서 더욱 매출액과 각종 이익이 증가하는데 말이지요.

국가의 장기적인 경제성장률과 물가상승률에 발맞추어, 국가의 금융정책 또한 중기적으로는 순환하기에 금리가 내려갈 때가 있듯이 높아질 때도 있는데, 왜 기업가치가 하락한다고 생각할까요? 호황기에 금리가 높아져서 기업의 투자매력도가 떨어지는 것처럼 일시적으로 보일 뿐입니다. 왜냐하면 국가의 발전단계가 수십 년에 걸쳐 다음 단계로(개도국에서 중진국, 중진국에서 선진국으로) 옮겨가기 전에는, 그 단계 안에서 금리도 순환하기 때문에 다시 금리가 낮아짐과 동시에 기업의 투자매력도가 좋은 것처럼 변할 것이기 때문입니다.

내재가치는 순환하지 않습니다. 투자가치가 적은 기업의 내재가치 성장속도는 국가경제전체의 성장속도보다 느리거나 정체되고, 투자가치가 높은 기업의 내재가치 성장속도는 국가경제전체의 성장속도보다 지속적으로 빠릅니다. 한편, 내재가치의 성장속도에 해당하는 투자가치와는 별개로, 현재의 가격(주가)과 내재가치 사이의 괴리율(안전마진)이 클 경우 복리수익에 해당하는 근본적인 투자대상은 되지 못할 지라도 좋은 거래의 대상은 될 것입니다.

어느 편의 투자스타일이건 옳고 그른 것은 없습니다.
순환에 초점을 맞추고 주로 거래를(단기간은 투자라기보다 거래) 할 경우 예측을 통해서 돈을 벌 수 있고, 기업가치의 상승률에 초점을 맞추면 분석을 통해서 투자수익을 복리로 낼 수 있습니다. 다만 한국주식가치평가원은 예측이 주는 변동성과 예측이 주는 단리수익에 비해서 분석이 주는 지속성과 분석이 주는 복리수익의 편이, 투입되는 노력의 양에 비해서 산출되는 수익률이 높기 때문에 더 선호하는 편입니다.

더불어, 주변의 투자심리는 최악일지라도 증권시장 전체와 개별 유망종목들을 가치평가하여 저평가되었을 때를 슬슬 매수시기로 보고 있으며, 주변의 투자심리는 흥분에 가득할지라도 고평가되었을 때를 슬슬 매도시기로 보고 있습니다.

포트폴리오 관리의 기본전제

가치투자는 공부를 통해 얻을 수 있기 때문에 기술적 분석에 의한 투자보다 어려운 것으로 여겨집니다. 그러나 방향성과 체계가 확립되지 않은 채로 홀로 십수 년을 공부해도 여전히 부족하고 어렵다고 하시는 분이 대부분임에도 불구하고, 체계적인 교육을 통해 필요성이 높은 내용들을 그 난이도와 연관성 순서에 따라 유기적으로 배우고, 사례와 직접 분석하는 간단한 훈련 등을 통해 집약적으로 습득한다면, 수십 시간 이내로 투자체계 전체를 튼튼하게 확립하는 것이 가능합니다.

한편, 지속적으로 수익을 누적시켜서 자산을 크게 늘릴 수 있는 가치투자에도 세 단계가 있습니다만, 그 중에서 상대가치평가 방법을 통해 주식의 가치와 현재 주가 간의 괴리율만 계산할 줄 아는 첫 번째 단계에만 숙달해도, 어렵지 않게 직접투자를 통해 지속적으로 시장을 이기는 것이(시장수익률을 초과하는 것) 가능합니다.

직접투자를 시작할 때는 잘못된 투자의사결정으로 인해 비자발적인 장기투자를 하게 되어 지속적인 손실을 입지 않도록 리스크 관리를 하는 것이 우선이며, 사업구조와 재무손익공부를 통해 점차 분산투자에서 집중투자로 이동하는 것이 바람직합니다.

그러므로 앞 장에서 알려드린 기본적인 재무손익비율항목 수치 외에도 중요한 각종 재무손익비율을 몇 년 치 연속으로 보아 시계열적으로 좋은 기업들 중 최소한의 이익성장률을 보이는 기업에 분산투자하는 것이 좋습니다. 그리고 절대가치평가를 배우기 전에는 역사적 PER, PBR에서 30~50% 할인된(낮은) 시점에 상대평가방식에 의해 투자하고, 보유한 종목보다 훨씬 괴리율(할인율)이 크지 않으면 갈아타지 말아야 합니다.

왜냐하면, 대체로 남의 떡이 더 커 보이기 때문에 실제로 보유종목보다 더 좋지 않은 종목들이 일시적으로 더 매력적으로 보일 수 있으며(이런 걸 보면 투자도 사랑과 비슷하지요), 일시적으로 매력적이라고 판단한 기업에 대해서 대개는 어설프고 급하게 분석하기 때문에 충분히 시간을 두고 분석했던 현재의 보유종목보다 투자하기에 상당히 위험하기 때문입니다. 이러한 이유 외에도 종목을 자주 갈아타지 말아야 하는 정말 근본적인 이유는, 초기의 아이디어가 실현되어 투자수익을 내는 경험이 반복적으로 누적되어야 비로소 자신의 분석 및 투자실력으로 수익을 내는 것이 확실해지며, 수익을 낸 방법으로 오래도록 반복하여 수익을 기하급수적으로 키울 수 있기 때문입니다.

집중투자와 분산투자

투자종목의 수와 관련해서는, 기대수익률은 다소 낮지만 개별 종목에 의한 리스크를 완화시키는 분산투자에서 시작해서, 개별 종목에 대한 분석과 가치평가를 잘못했을 때 리스크가 크지만 잘했을 때는 기대수익률이 매우 높은 집중투자로 점차 전환하면서 투자대상과 투자전략을 수렴하는 것이, 투자수익을 안정화하면서 점차 확대하는 순서입니다. 추구하는 투자스타일에 따라 다르지만 처음에는 최소한 20종목 이상으로 시작하는 편이 좋은데, 잘 모를수록 분산해야 하는 이유도 있고, 여러 업종별 기업의 실적변동 및 주가변동을 겪어봐야 하기 때문이기도 합니다. 그러나 실력이 늘수록 점차 종목을 줄여가는 것이 타당하지요.

　피터 린치의 조언을 잠깐 소개하면 블루칩의(대형우량주) 경우 한 종목에 전체투자금액의 20% 미만을 배분해야 하고, 옐로칩은(중형주) 10% 미만, 소형주는 5% 미만을 배분해야 한다고 주장합니다. 쉽게 말해 하나하나의 종목에 집중적으로 상당한 비중으로 투자할 계획이라도, 대형우량주만으로 포트폴리오를 구성한 경우 5개 종목 이상, 중형주로만 구성한 경우 10개 종목 이상, 소형주로만 구성한 경우 20개 종목 이상에 분산투자하라는 조언입니다.

　지속적인 수익을 낼 수 있는 가치투자의 정통체계인 평가원의 정규 투자교육과정을 배우면 가치투자 준전문가가 되며, 10종목 내외로도 안전하게 투자할 수 있는 실력을 갖추게 되고, 이후 지속적인 훈련과 경험을 통해 숙달하게 되면 수학적으로 분산투자 효과가 시작되는 6개 종목까지도 좁힐 수 있습니다. 물론, 여기서 언급하는 종목의 수는 유의미한 수준의 비중으로 실제로 크게 투자한 종목들을 이야기하며, 대개 보초투자라고 표현하는, 관심기업의 주가추이에 항상 관심을 가지기 위해 미미한 비중만큼 선행적으로 매수해 놓은 경우는 포함하지 않습니다.

포트폴리오 구성 조언

직접투자를 결심하고 증권사에서 계좌를 열면서 가장 먼저 직면하게 되는 고민은 어떤 유망한 기업의 주식을 편입할 것인지 여부일 것입니다. 투자에 있어 가장 중요하고도 근본적인 부분이라고도 할 수 있으며, 각 운용사, 자문사들의 리서치팀이 주로 하는 업무들입니다. 가장 시간을 많이 들여야 하는 부분이며, 때문에 이에 관련한 책들도 부지기수로 쏟아져 나오고 있습니다. 이와 관련하여 평가원의 전문위원이 홈페이지에 게시한 칼럼의 일부 내용을 아래에 정리합니다.

주식투자자들은 스스로 나름의 리서치를 통해 좋은 기업을 선별해 놓고 나서, 과연 이 주식들을 얼마만큼씩 편입해야 할 지 고민에 빠지게 됩니다. 대부분 가장 많이 오를 것 같은 종목의 비중을 높게 가져가거나, 아니면 가장 빠른 시간 내에 가치가 반영될 주식의 비중을 크게 편입하는 경우가 많습니다. 또한 약간씩 자금을 넣어보고 해당 종목에 대해 스터디를 하면서 비중을 점차 늘려나가는 방법도 많이 애용되고 있습니다.

아무리 기업분석을 잘 해서 상승여력이 1000%로 판단된다고 한들, 비중을 너무 적게 하여 포트폴리오에 편입하게 되면 실질적인 수익으로 연결되기 어렵기 때문에 포트를 구성하는 방법이 기업을 분석하는 방법 못지않게 중요하다는 점은 많은 분들이 피부로 느끼셨을 거라 생각됩니다.

그렇다면 과연 어떻게 포트를 구성해야 할까요? 사실 이에 대한 명확한 정답은 없습니다.

혹자는 축구경기에 비유해서, 공격수와 미드필더, 수비수로 구분하여 포트를 구성하기도 하고, 좋으면 다 살 수 있다는 생각으로 굳이 포트폴리오 구성에 대해 시간할애를 많이 하지 않기도 합니다. 투자에 관한 많은 칼럼이나 책들이 좋은 기업을 고르는 방법에 치우쳐, 포트폴리오 내 비중에 대해서는 지나쳤던 부분임을 인정하지 않을 수 없습니다.

가장 중요한 원칙은 포트폴리오의 비중에는 이유가 있어야 한다는 것입니다. 그 기업을 편입하는 이유가 있듯이, 얼마만큼 편입해야 하는지에 대해서도 나름의 이유가 있어야 한다는 것이죠. 집중적으로 투자를 한다면 왜 집중투자를 하는 것이며, 1% 남짓 편입한다면 왜 1% 남짓 편입하는지 합리적인 이유가 있어야 그만큼 탄탄한 포트폴리오를 구성할 수 있습니다.

잘 아시는 바와 같이 워런 버핏은 집중투자를 선호하는데, 그가 집중투자를 하는 이유는 투자하는 기업에 대해서 비교적 잘 알기 때문입니다. 기업을 잘 안다는 것은 과거와 현재를 통해 그 기업의 미래가 상당히 예측 가능한 범위에 있다는 이야기이며, 워런 버핏이 가끔 기업을 통째로 사기도 하는 부분은 향후 예측 불가능한 일이 벌어질 경우 경영에 대해서 통제력을 발휘할 수 있다는 측면에서 일반투자자들에 비해서 안전한 포지션이라고 할 수 있습니다.

비록 워런 버핏과 개인투자자들은 규모 면에서 비교가 되지 않을 수 있지만, 이러한 워런 버핏의 투자방식을 통해 개인투자자들이 포트폴리오 비중의 '이유'를 찾는데 도움을 얻을 수 있습니다. 투자의 1원칙은 돈을 잃지 않는 것이며, 투자의 2원칙은 바로 1원칙을 잊지 않는 것이다 라고 하는 워런 버핏의 이야기에 동의하는 투자자들이라면, 결론은 자신이 잘 아는 기업일수록 비중을 높여 편입하는 것이라는 데 고개를 끄덕일 것이라 생각됩니다. 돈을 투입하는 것은 신뢰가 전제되어야 하고, 신뢰는 해당 기업이나 업종에 대한 어느 정도의 지식이 전제되어야 함을 고려한다면, 포트 비중은 단순히 종목 편입 비중이 아닌, 투자자의 해당 기업에 대한 신뢰의 크기라고 할 수 있기 때문입니다. 즉, 포트 편입 비중의 가장 중요한 이유는 내가 그만큼 그 기업을 잘 알고 있는지 여부라고 할 수 있겠습니다.

물론 아무리 잘 알고 있는 기업이라 할지라도 상승여력이 시원치 않다면 많은 비중으로 편입하는 것은 무의미할 수 있습니다. 그러나 그 부분은 그만큼 싸게 살 수 있는 기회를 기다리면서 싸게 매수하는 것을 통해 해결해야 하는 문제이며, 포트폴리오 편입 비중의 결정에 있어 근본적인 이유가 되기는 어렵습니다. 물론 잘 아는 기업일지라도 비싸게 매수하면 곤란하며, 싸게 사는 것 역시 매우 중요합니다.

다만, 잘 안다는 것은 그만큼 기업의 실적변동, 주가변동이 닥쳤을 때 투자자가 포트폴리오를 잘 통제하는 것이 가능하다는 말이며, 통제 가능하다는 것은 그만큼 리스크를 작게 가져갈 수 있다는 것을 의미합니다.

기업 분석을 통해 종목 선별과 관련한 리스크를 줄였다면, 포트폴리오 구성을 통해 실제 투자와 관련한 리스크를 줄이는 작업이 필요합니다.

물론 워런 버핏처럼 최악의 경우 기업경영에 직접적인 개입을 통해 리스크를 줄여나가는 작업은 우리의 몫이 아닐 수 있지만, 적어도 최악의 경우가 닥칠 가능성이 적은 종목의 비중을 높이고, 상대적으로 가능성이 높은 종목의 비중을 낮추는 것은 우리의 몫이라고 생각됩니다.

이러한 리스크에 대한 고려가 없이 상승여력만으로 비중을 조절한다면, 향후 예기치 못한 일에 직면할 경우 포트의 리스크는 거침없이 커지게 됩니다. 상승여력은 해딩 기업에 대한 이느 정도의 지식이 전제된 이후에 자연스럽게 고려되어야 하는 부분이며, 따라서 포트폴리오 내 가장 큰 비중은 가장 잘 아는 기업이면서도, 상승여력 역시 가장 큰 기업이어야 합니다. 이는 잘 알면서 확실한 분야에 대해 레버리지까지 (부채) 끌어가며 투자할 수 있었던 많은 성공한 투자자들의 스토리와도 일맥상통하는 부분입니다. 남들이 볼 때는 큰 리스크이지만, 내 판단에 의하면 아주 작은 리스크를 감당하게 되는 것이죠.

요컨대, 그 기업의 행보기 니의 예측 가능한 범위 안에 충분히 있으면서, 최대한 싸게 살 수 있는 기업일수록 많은 비중을 편입해야 한다고 결론지을 수 있습니다. 기대되는 수익에 비해 리스크는 낮추는 것이 가치투자의 근본임을 상기한다면 이러한 포트폴리오 구성 전략은 당연하게 느껴질 것입니다.

지금 나의 포트폴리오를 열고 가장 높은 비중을 차지하고 있는 종목을 보며, 내가 정말 이 기업을 포트폴리오 내 다른 기업보다 더 잘 알고 있는가, 나는 과연 이 기업을 가장 싸게 샀는가 등의 질문을 던져보시길 바랍니다.

만일 상당히 이해하기는 하지만 그다지 싸게 사지 않은 경우라면,

당연히 상대적인 비중을 줄이는 것이 바람직합니다. 리스크는 작지만, 기대되는 수익의 크기 역시 작기 때문입니다. 마찬가지로 싸게는 산 것 같은데, 상대적으로 잘 모르는 기업이라면 큰 비중을 둬서는 안 될 것입니다. 이는 정말 싸게 산 것인지조차 검증할 수 없기 때문입니다. 잘 알면서, 싸게 산 순서로 비중을 조절한다면 그야말로 리스크는 줄이면서 수익은 극대화하는 멋진 포트폴리오로 가꿔나갈 수 있을 것입니다.

주식투자자 개인마다의 리스크는 결코 누구나에게 훤히 보이는 것을 수치화한 객관적으로 정의되는 개념이 아니라, 투자자마다의 수준마다 보이지 않는 불확실성의 정도에 따라 철저히 주관적으로 정의되는 개념입니다만, 성공적인 투자로 이어지는 포트폴리오 구성 또한 그러한 주관적인 리스크를 최소화 하면서 수익은 극대화 하는 방향으로 편성하는 것임을 잊지 않는다면, 어떠한 상황이 오더라도 이겨낼 수 있는 훌륭한 포트폴리오가 될 수 있을 것이라 생각합니다.

02 시장등락 대응원칙과 전략

증권시장에 대한 의심

이발사에게 머리카락을 잘라야 하냐고 묻는다면, 이발사는 어떻게 대답할까요? 당연히 지금이 가장 이발하기 적당한 때라고 이야기할 겁니다. 심지어 기량이 뛰어나고 감각이 좋은 이발사라고 할지라도 고객이 물어본 지금 바로 수익을 올리기 위해서 당장 이발하는 편이 보기 좋을 것이라고 설득할 것입니다.

마찬가지로, 투자 중개인이나 투자분석가가 자신이 홍보하고 있는 펀드상품이나 종목에 대해서 어떻게 설명을 할까요? 당연히 좋게 설명할 것입니다. 나쁜 것을 좋다고 설명하는 것은 누가 보기에도 문제가 됩니다. 그러나 자신의 판단과는 달리 자신이 속한 기관 혹은 업종의 수익구조에 따라서 어쩔 수 없이 애매한 것을 좋다고 말할 수밖에 없을 때도 간혹 있을 것입니다.

한편, 좋은 것을 있는 그대로 좋다고 설명하는 것은 전혀 문제가 없을 것입니다. 그런데, 좋은 것을 사실보다 좀 더 좋게 이야기하는 것, 혹은 좋은 것은 사실이지만 지금이 꼭 좋은 타이밍이 아닌 것을 지금이 좋은 타이밍인 것처럼 이야기하는 것은 어떻습니까? 문제가 될까요 아니면 전혀 문제가 없을까요?

질문을 주식투자 쪽으로 구체화해서, 지금 당장 좋지만 향후 안 좋아질 수 있는 종목, 혹은 향후 단기간 혹은 중기적으로만 국한해서 좋을 수 있는 종목을 추천하고, 얼마 지나지 않은 미래에 또 유사한 성격의 종목으로 갈아타기를 계속 권고한다면 어떻습니까? 생각의 관점을 바꾸어서, 만약 고객이 투자수익을 낼 수 있게끔 하는데서 발생하는 수익과, 고객이 투자수익을 내건 투자손실을 내건 상관없이 발생하는 수수료 중 만약 수수료의 비중이 큰 전문가 혹은 전문기관이 있다고 가정한다고 하면, 어떤 생각이 드시는지요?

워런 버핏은 투자프로세스를 충분히 공부하고 잘 이해하고 있는 투자자라면, 굳이 이런저런 어려운 용어를 써가며 종목에 대해 단기추천을 하는 투자분석가나, 현재의 시황과 거시경제 진단으로 미래를 예언하는 '사제' 역할을 하는 전문가들이 필요 없을 거라고 말합니다.

저 역시 최소한 주식투자에 대해서만은 미래 거시경제에 대한 예언따위 하지 않으며, 투자태도 형성을 촉구하는 미래 거시경제 예언은(상승이건 하락이건) 근본적으로 일체가 무용지물이며 눈속임이라고 오랫동안 판단해 왔습니다.

현명한 주식투자자는, 특정 업종이나 특정 기업에 대한 추천리포트가 쏟아져 나오기 시작하고, 특정 섹터를 겨냥하여 낙관적 전망 가득한 펀드 등 투자상품이 늘어나기 시작할 때 비로소 건전한 의심을 시작해야 합니다.

대개 추천리포트가 쏟아질 때는, 각종 자료가 쏟아지기 전에 그 정보를 아는 주체의 매수매도의사결정이 내려진 후에 해당하며, 펀드 등 투자상품이 늘어나고 마케팅을 확대할 때는, 해당 펀드가 투자하는 국가 혹은 섹터의 수익률이 이미 상당히 상승하고 어느 정도 검증되어, 더 이상 저가매수에 들어갈 수 없는 시점일 가능성이 크기 때문입니다.

가장 불확실한 자산에 헐값으로 투자했을 때 가장 큰 돈을 버는 것이며, 가장 확실한 자산에 고가로 투자했을 때는 네덜란드의 튤립광풍 시기에 튤립 값 꼭지에서, 국내 IT광풍 속에서 이익도 내지 못하는 IT기업의 주가 꼭지에서, 리먼사태가 터지기 직전 미국 주택가격 꼭지에서 투자를 한 것처럼 반드시 큰 손실을 입게 됩니다.

일례를 들자면, 리먼사태 이전 유가급등으로 러시아펀드의 수익률이 하늘 높은 줄 모를 때 러시아펀드가 비로소 성행하기 시작했습니다. 물론 유가의 지속적인 상승을 이야기하며 러시아펀드 등 유가관련 펀드를 각종 금융기관에서 마케팅 했습니다. 물론, 러시아펀드 외 국내 주식형 펀드도 리먼사태 이전에 수익률이 좋았으며, 문제는 수익률이 좋아진 이후에 종합주가지수가 고평가된(비싼) 상황에서 펀드가입률에 가속이 붙었던 것으로 기억합니다.

저는 2007년 말 이후 국내 증권시장의 PBR이 1.6이 넘어가면서 장기적으로 ROE를 10% 정도 유지할 수 있는 국내 증권시장이 과도하게 고평가된 상황임을 느끼면서, 미래에 대한 예측 없이도 이미 고평가된 주식자산 비중을 자연스럽게 상당히 줄였고, 시간이 지나 리먼 사태가(어떤 형태로 주가가 하락할지는 예측할 수도 없고, 예측할 필요도 없음) 실제로 터진 후 국내 주식들이 상당히 저평가되어 물 반 고기 반이었을 때, 2009

닌 초 지수 1100정도에서 대형주, 중형주, 소형주를 막론하고 국내에서 저평가된 스노우볼 우량주들에 대해 집중투자를 시작했습니다.

한편, 그 때 유가가 30~40$ 정도로 제가 알던 지인의 러시아펀드 금액이 1/7토막 난 상황이었습니다. 유가가 내일이나 모레에 오를지는 아무도 모르지만, 누가 봐도 중기적인 경기회복과 장기적인 석유수요 증가추세에 따라 유가는 오를 수밖에 없는 구조였습니다.

당연히 금융기관의 분석가는 유가가 과도하게 하락한 상황임을 알았겠지만, 금융기관 구성원 중 상대적으로 전문적인 분석력이 떨어지는 판매 창구에서는 러시아펀드라면 학을 떼던 시기였습니다. 즉, 리먼 사태 이전 유가관련 유망펀드로 마케팅을 했던 러시아펀드와 러시아 비중이 태반을 차지하는 동유럽펀드 등에 대한 마케팅은 전혀 없었습니다. 투자자가 알고 찾아가서 직접 물어보지 않으면 그런 펀드를 들 수 있는지 당연히 쉽게 알 수도 없었겠지요.

개인적으로 간접투자를 거의 안합니다만, 당시 극도로 외면되었던 러시아 펀드에 역발상 투자 개념으로 접근하여, 비교적 단기간에 굉장한(지속가능한 수익률을 확보한 제 기준으로 판단해도) 고수익을 냈던 것을 기억합니다. 다만, 국내주식과는 달리 분석을 심도있게 할 수는 없으므로 유가가 80$ 정도에 근접했을 때 전액 정리했습니다.

요컨대, 투자상품은 이미 상당폭 가격이 올라 저가매수가 불가능할 때 비로소 추천을 시작하고, 6개월 이내 목표가를 외치는 경우 등 단기 추천 종목은 정보력이나 분석력에 있어서 우위에 있는 집단이 이미 투자의사결정을 내린 후 추천될 수 있다는 점을 알고 투자를 하신다면, 자신 스스로의 투자분석 실패로 인해 손해를 보고 또한 실패를 통해 스스로 배워나가는 것이(다음에는 성공하겠지요) 아닌, 순전히 타인의 추천을 따랐기 때문에 투자손실을 보는 일은 겪지 않으실 것입니다.

가장 좋은 것은 투자교육과 훈련을 통해 투자자로서 기본적인 무기를 갖춘 뒤, 자신의 무기에 맞는 원칙과 전략으로 시장을 활용해 나가는 것이며, 사실 그것이 생각보다 별로 어렵지 않습니다.

증권시장의 근본 메커니즘

시장을 건전하게 의심하고 정석에 따라 제대로 판단하려면, 증권시장 전체에 대한 메커니즘을 이해할 필요가 있으므로, 증권시장에서 기업가치와 주가에 걸친 전체 메커니즘을 조금 설명하겠습니다. 증권시장 전체의 메커니즘을 통해 투자시장에서 일희일비하시지 않고 큰 그림을 우선 머릿속에 담아둔다면 주식투자를 하는데 있어서 다소 도움이 될 거라고 생각합니다.

'처음에는 기업의 기초경제지표에 따라 주가가 결정된다. 그러나 일정시점이 되면 투기가 가격을 결정한다.'

워런 버핏이 위와 같이 말한 적이 있는데, 그 말에 대해서 저는 아래와 같이 이야기하고 싶습니다.

도박에 불과한 카지노에서도 하우스의 시스템과 룰을 알면 수익을 계속 낼 수 있지요. 결코 도박이 아닌 정성적 분석, 정량적 분석과 확률 및 가치평가 등으로 구성된 주식투자에 있어서도, 시스템과 룰을 알면 수익을 지속적으로 낼 수 있습니다.

주식시장 전체의 메커니즘을 차례대로 이해하자면 아래와 같습니다.

대개 어느 정도는 검증된 수익력과 업력을 갖춘 기업이 추가적인 자본 확충을 하기 위해서 상장을 합니다. 여기서 말하는 상장에서 우회 상장의 경우 상대적으로 검증이 덜 된 경우가 많으므로 포함하지 않습니다.

한편, 상장하려는 기업에 자본을 출자하는 주체를 투자자라고 합니다. 투자자가 매수매도를 통해서 몇 초만에도 바뀔 수 있기 때문에 주식자산에 대해서 도박이니 즉시 현금화 가능한 자산이니 여러 가지 착각들을 하지만, 주식이라는 것은 자본총계의 일부입니다. 즉, 주인이 자주 바뀔 뿐, 주식이라는 자산은 자본총계로써 굉장히 장기자산이며 단기간에 처분할 수 없는 형태의 자산입니다.

한 번 생각해보십시오. 기업에 5년 만기로 대출을 해 줍니다. 5~7% 정도의 이자율로 이자를 받아가면서 말이지요. 그 이자를 받아가는 주체는, 기업이 사채를 발행할 때 사채의 전체 혹 일부를 인수한 채권자입니다. 채권자에게 있어서 이 사채는 5년 만기 자산입니다. 현금화하려면 5년이 지나야 하지요. 그러면 주식은 어떻습니까. 주식은 기본적으로 자본총계의 일부로써 만기가 없는 자산입니다. 기업이 계속기업으로써 사업을 하고 자본증식을 하는 한 문자 그대로 만기가 없는 계속자산에 해당합니다.

주식의 가치는 근본적으로 만기가 없는 장기자산(자본총계)의 수익가치 등에 근거하여 계산되는 반면에, 주식자산의 장기성과 주식가치를 모르는 모멘텀 투자자들의 단기적인 거래량과, 호황불황을 순환하는 기업의 영업사이클을 이해하지 못하는 분기실적 추종 거래자(투자보다는 거래에 가까움)에 의해서 주가는 큰 변동성을 보입니다.

그러나 본질적으로, 주가는 장기자산인 자본총계의 수익가치에 해당하는 적정주가에 수렴합니다. 제 경우에 얼마 정도의 기간 안에 적정주가에 수렴했던가를 돌이켜보면, 대개 투자기간 내 잦은 이벤트와 뉴스, 공시 등으로 비교적 빨리 6개월 이내에 적정주가에 도달한 경우도 있지만, 아무리 오래 걸려도 평균적인 금융사이클인 3년에서 5년 사이에 두 번(상승시 한 번, 하락시 한 번 적정주가에 접근) 정도, 즉 1.5년에서 2.5년 안에는 반드시 정상가치에 주가가 근접했습니다. 워런버핏의 스승이기도 하고 가치투자의 기본적인 골자를 확립한 벤저민 그레이엄의 경우 경험적으로 6개월에서 2년 사이에 적정주가에 도달했다고 말했으니, 동서고금을 막론하고 비정상적인 가격이 정상화되는 기간은 큰 차이가 없는 듯합니다.

왜 그러냐 하는 구체적인 실전이론은 그 분량과 형태상 교육에서 다루고 있고, 결론부터 말씀드리면 안정성, 지속성, 성장성이 좋은 당기순이익, 혹은 자기자본이익률에 대해 시장은 중장기적으로 적절한 할인율 혹은 배수를 줄 수밖에 없습니다. 리스크 대비 조금이라도 높은 복리이자율에 쏠림현상을 보이는 금융시장의 중력, 즉 금융투자의 본질적인 법칙을 주식에 적용하면 이해할 수 있습니다.

만약 증권시장에서 적정한 할인율 혹 배수를 주지 않고 그보다 주가가 지속적으로 저평가되는 경우라 해도, 그 종목을 보유하는 것만으로도 시간이 흐르면서 엄청난 누적수익률을 올릴 수 있습니다. 왜냐하면 은행예금이자율과 비교할 수 없이 높은 복리가치상승률로 인해, 기업의 이익과 자본사이즈의 증가만으로도 투자자는 엄청난 누적수익률을 올릴 수 있기 때문입니다. 예를 들어, 중장기 연복리로 순이익이 25% 성장하는 특정한 기업의 적정한(절대가치평가 방법으로) PER이 13~15인데 반해서 증권시장에서 현재 PER을 7밖에 부여하지 않는다고 해서 신경 쓸 것이 없는 것이, 10년이면 순이익 자체가 9.3배가 되므로 여전히 PER이 7이라고 할지라도 주가는 10배가 되는 것입니다. 혹시 PER 7이었던 시장의 평가가 10년 후에 10으로라도 찔끔 오른다고 치면, 주가는 10년 동안 13~14배 정도로 상승하는 것이 자연스러운 것입니다.

다시 돌아가서 주식시장은 자본이 필요한 기업과, 투자대상이 필요한 투자자가 만나는 장입니다. 이 주식시장 전체는 어떤 모양을 하고 있을까요?

대한민국 상장사는 약 2,000개 정도 되며, 시장 전체의 중장기 자본수익률은 평균적으로 7% 정도입니다. 물론 플러스마이너스 3% 정도를 기준으로 중기적으로 등락을 거듭합니다. 그리고 시장 전체의 중장기 배당성향은 대략 20%(시가배당률은 1.5~1.8% 정도)로 유보율이 80%

정도입니다. 즉, 자본수익률이 7%에 유보율이 80%로, 시장선체의 복리가치성장률은 5% 정도를 평균으로 볼 수 있습니다.

시장전체에 투자한다면 시장가치성장률 5%에 매년 배당수익을 포함해 연평균수익률이 7%가량 됩니다. 물론, 코스피 등 종합주가지수는 -25%, +40% 등 매년 변동성이 있지만, 장기 시장가치성장률과 종합주가지수 상승률은 개와 주인의 관계와 같아서 투자기간을 길게 잡으면 잡을수록 일치하게 됩니다.

그리고 증권시장이 고평가인가 저평가인가를 판단하는 시장평가를 통해, 증권시장이 명확하게 고평가일 때는 상승추세에 의한 모멘텀 수익을 일부 포기하더라도 점진적으로 현금비중을 늘리고, 증권시장이 명확하게 저평가일 때는 하락추세에 의한 추가 하락을 일부 맞더라도 주식비중을 점진적으로 늘리는 식으로, 기간을 두고 간헐적인 시장 대응을 하면서 시장 전체에 투자한다면, 증권시장 전체의 연평균수익률 7%를 훨씬 초과하는 중장기 수익을 누리게 됩니다. 이러한 간헐적인 대응방법은 그때그때 추세를 판단, 예측하며 조급하게 자주 거래하여 수수료와 손실만 키우는 편보다 훨씬 낫습니다.

그러면 조금 투자대상을 바꿔서 생각해볼까요? 대한민국의 우량하거나 우량하지 않은 모든 상장사의 가중평균 자본수익률이 7% 전후라는 이야기는 2,000여개 기업 중 우량한 수백 개의 기업, 아니 백 개 이내의 기업으로 투자대상을 국한하면 자본수익률이 15~20% 가까이, 혹은 그 이상 날 수 있다는 이야기입니다.

현재 이익을 평균이상으로 잘 내는 기업이 향후 이익을 잘 내지 못할 가능성이 상당하며, 현재 평균이하로 이익을 못내는 기업이 향후 이익을 잘 낼 가능성이 상당하다는 평균회귀의 법칙에도 불구하고, 여러 가지 형태의 경제적 해자와 경쟁우위, 경영진의 자본배분능력 등에 의해 15~20%, 혹 그 이상의 자본수익률을 반영구적으로 유지하는 기업들이 실제로 많이 존재합니다.

한편, 그런 기업들에 최초 투자할 때 적정가격에 매수만 하더라도 연복리 15~20%의 수익률이 확보된 것입니다. 위 시장전체를 통한 수익과 마찬가지로 개별기업들에 투자했을 때도, 시장의 밸류에이션을 통해 현금비중조절을 할 수 있고 그럴 경우 간헐적으로 간단한 현금비중조절만으로도 15~20%를 훨씬 넘는 추가적인 연평균수익률을 확보할 수가 있습니다.

결국 굳이 내일을 예측하지 않아도, 주식시장이라는 전체 연못의 메커니즘을 이해하고, 연못 속에 있는 물고기들을 잘 관찰하면서 연못

전체의 상황에 대응하는 것만으로도, 대부분의 사람들에게 위험시장 혹 도박의 장으로 인식되는 주식시장이 갑자기 안전하고 이해가 가능한 시장, 별로 어렵거나 복잡하지 않은 자산증식(재테크)의 장이 됩니다.

우리에게 필요한 것은, 시장전체보다 가치가 빨리 복리로 상승하는 기업들을 골라내는 능력, 해당 기업들의 내재가치를 산정해 내는 능력, 그래서 그 가치보다 낮은 가격에서 매수하고 난 후에는 시장수준에 따라 현금비중 등을 조절하는 능력입니다.

그런 능력을 기본적으로 갖추고 나면, 특정 종목을 추천하고 있지만 그 종목에 대한 관심이 과열되고 주가가 고평가된 상황이라든지, 주식시장 자체에 각종 투자상품이 넘쳐나고 시장 전체가 과열되고 고평가된 상황, 혹은 그와는 반대로 개별 종목이나 주식시장 자체를 과도하게 멀리하여 필요 이상으로 저평가된 상황에 대해서, 일단 건전한 의심을 시작할 수 있을 것입니다.

약세장과 강세장에 대처하는 기본 원칙

❶ 강세장이건 약세장이건 시황에 대한 관심을 냉정하게 조절하고, HTS

를 자주 보지 마십시오.

주식의 단기 목표가격, 시장보고서 및 각종 투자상담 인력들의 말에 눈과 귀를 닫으십시오. 회복될 것을 예상한다고 해서 시장이 회복되거나, 더 빠질 것을 예상한다고 해서 더 빠지는 것이 아니기 때문입니다.

이미 주가가 내재가치 이하로 상당히 하락했다면 슬슬 투자할 시기가 온 것으로, 저점에서 매수하지 못해서 주가회복의 첫 번째 몇 퍼센트를 놓치는 것을 아까와 하지 마십시오. 반대로 주가가 내재가치 이상으로 상당히 상승했다면 슬슬 매도할 시기가 온 것으로, 고점에서 매도하지 못해서 마지막 몇 퍼센트의 수익률을 놓치는 것을 아까워하지 마십시오.

❷ 바닥이나 천장에 대해 예언하는 전문가들을 믿지 마십시오.

증권시장 전체에 대한 밸류에이션을 통해서 시장이 고평가이다 저평가이다 정도만 판단하면 됩니다. 개별기업과 마찬가지로 증권시장 전체 역시 싸다고 금세 오르지 않고 비싸다고 당장 그만 오르지는 않지만, 우리는 증권시장이 싸고 비싼 것을 금리, GDP, 증권시장의 당기순익 창출능력 등과 비교하여 비중을 조절할 수 있습니다.

하락한 시장이 회복하는 시기나 상승한 시장이 하락하는 시기는 그 누구도 알 수 없으며, 미래를 예측하려 하기보다 현재를 평가하는 편이 훨씬 생산적이며 지속적인 투자수익 창출에 도움이 됩니다.

❸ 증권시장에 너무 휘둘리지 말고, 기업의 사업구조와 재무손익 추이 등
펀더멘털의 현상과 원인을 보십시오.

증권시장 가격의 변동성에 비해서 개별기업의 펀더멘털 변동성은
훨씬 적으며, 펀더멘털 현상은 사업보고서 및 재무제표 분석, 업종별
협회 자료 및 뉴스, 매장방문과 기업탐방 등을 통해 추정이 가능합니
다. 더욱이 그러한 펀더멘털의 원인이 되는 기업의 사업구조와 유지가
능한 수익창출력, 비용통제력 등 펀더멘털의 원인이 되는 내재가치는
더욱 변동성이 적습니다.

그러므로 시장이 회복될 때 가장 단단히고 지속적으로 주가가 회복
및 상승하는 기업은, 외부환경에 의해 일시적으로 단기적인 실적이 좋
아지는 기업이 아니라, 제품이나 서비스의 가격결정력과 비용통제력
등 내부역량에 의해 실적이 지속적으로 개선되는 기업들입니다.

❹ 관심기업 혹은 투자한 기업이 과거 평균 주가나 평균 PER 등으로 회
귀(상승 혹은 하락)할 것이라는 생각을 하지 마십시오.

증권시장에서 한 기업에 대해서 얼마를 지불해왔는가는 그 기업의
진정한 가치가 얼마인가 하는 것과는 다른 의미입니다.

신성장업종에 속한 기업의 성장성에 대해서 과도한 밸류에이션을
부여해왔거나, 산업의 라이프사이클 상 성숙기 후기에 속한 기업의 수
익성에 비해서 과도한 디스카운트를 해 온 경우, 기타 중장기적인 거

시경제 테마나 외부환경 변화로 인해 수동적으로 이익이 확대된 것에 불과한데도 시장주가가 꾸준히 상승했던 경우 등, 내재가치의 지속적인 상승률보다 더 높은 주가를 받아오거나 더 낮은 주가를 받아온 경우에는 다시 이전의 주가 수준으로 회복할 것을 기대해서는 곤란합니다. 그것은 합리적인 추정이 아니라 상대적인 기대감에 불과하기 때문입니다.

과거로부터의 주가변동추이를 참조할 필요는 있지만, 각종 과거 평균 주가수준과 무관하게 기업역량에 따른 수익성, 즉 내재가치를 계산하여 현재의 주가와 괴리율을 계산할 필요가 있습니다.

❺ 좋은 책을 읽거나 투자세계에 대한 공부, 연구를 하십시오.

상승장이나 하락장에서 매일 주가차트를 보면서 몇 퍼센트의 수익과 손실에 일희일비하는 단기 거래에 목매기 보다는, 오히려 중기적으로 시장의 방향이 바뀔 것을 염두에 두고, 유망종목을 미리부터 선별해두고 해당 종목들의 사업구조를 파악하고 내재가치(적정주가)를 계산하는 데 노력을 들이십시오.

시장의 급등락과 가치투자의 수익률

저는 증권시장의 급등락과 관련해서 증권시장의 추세나 방향성(상승 혹 하락)을 불확실하게 예측하는 대신에 매우 확실한 고평가, 저평가 판단을 통해 서서히 대응을 합니다. 포트폴리오를 관리하는 대응만으로도 미리 계산했던 수익률보다 좀 더 높은 수익률을 올리는 것이 충분히 가능하기 때문입니다.

어떠한 이벤트가 언제쯤 일어날 것, 즉 미리 대비할 수 없는 어떤 악재를 예측하려 하지는 않으며 예측할 능력도 없지만, 주식시장 전체가 고평가임을 미리 인지하여 향후 멀지 않은 미래에 주가가 하락하는 '주가 조정'이 오거나, 상승세가 멈추고 일정기간 동안 박스권을 맴도는 '기간 조정'이 올 것임을 개략 알 수는 있습니다. 물론, 반대의 상황에서는 저평가임을 인지하고 가까운 미래에 주가가 상승할 것을 알 수도 있습니다.

누가 제게 미래 종합주가지수의 상승 혹은 하락에 대한 조언을 구한다면, 3개월에서 6개월 후의 미래에 대해서는 전혀 알 도리가 없고 알고 싶은 욕심도 없지만, 1년 후의 미래는 대략 알고 조언할 수 있으며, 2~3년 후의 미래에 대해서 묻는다면 상당히 확실히, 심지어는 금전적 대가를 받으면서 조언에 대한 책임을 질 정도로 말할 수 있고, 4년 이상의 시간이 흐른 뒤를 묻는다면 거의 99.99%의 확실성으로 주가가 오를지 내릴지 답할 수가 있는 것입니다.

한편, 주식시장이 급등락을 할지라도 여전히 가치투자로 돈을 벌 수 있습니다. 가치투자단계 중 최고수준인 복리수익투자의 경우에는 물론이고 그 바로 아래 단계인 내재가치와 주가 괴리율 차이에 투자하는 경우에도, 급등락장에서 여전히 돈을 벌 수 있습니다.

우선 증권시장의 등락을 설명하기 위해 선행되어야 할 한 가지 개념을 소개하자면, 내재가치를 구하는 가장 고급단계, 다시 말해서 내재가치에 가장 가까운 기업가치를 계산하는 단계에서 기업의 이익 중에 제외하는 항목이 있습니다. 이익의 크기와 질로 내재가치를 구하는 것은 주식의 가치평가에 있어서 아주 기본적인 전제인데, 기업의 손익 중에서 무엇을 제외하는지 궁금하시지요.

바로 외환손익, 파생손익, 그리고 자산재평가 및 자산처분손익 등은 본업에 의한 영업손익도 아니고 영업외손익 중 지속가능한 항목도 아니기 때문에 제외합니다. 왜냐하면, 지속가능하지 않은 일시적인 손익을 밸류에이션에 사용하면 적정가치를 구할 수도 없을 뿐더러, 주가는 물론 실적보다 근본적인 기준이 되어야 할 내재가치(적정주가)가, 일시적인 손익이 변동할 때마다 계속 변하기 때문입니다.

그런데 대체적인 기관투자자의 수준을 뛰어넘는 최고의 가치투자 수준에서는, 위 설명에 그치지 않고 제외해야 할 혹은 조정해야 할 손익이 하나 더 있습니다. 영업손익 중에서도 영업사이클, 혹은 실물경기 등락에 의해서 정상범주를 벗어난 예외적인 손익만큼은 따로 제거해야 합니다.

쉽게 설명드리면, 가장 이익이 높은 시기인 업종 호황기 혹은 낮은 시기인 업종 불황기에 밸류에이션을 그 실적 그대로 적용하지는 않는다는 이야기입니다. 이 부분은 활용기술에 해당하여 강의를 통한 훈련 이외의 형태로 전달하기는 어렵지만, 기아차나 현대중공업, 포스코 같은 경기변동성 기업을 생각하면 호황기와 불황기의 이익을 그대로 계산한 적정주가는 그야말로 하늘과 땅 차이가 날 정도라는 것이 쉽게 이해될 것입니다.

요컨대, 지속가능한 이익을 기반으로 기업의 내재가치를 구할 때 제외해야 할 손익 요소는 경기등락요소, 외환, 파생, 단기투자 및 처분 등의 요소입니다.

그런데, 거시경제도 마찬가지입니다. 저는 거시경제를 진단하는 경제분석가들의 전문성은 존중하지만 주식투자에 있어서는 별 효용을 못 느끼며 오직 전체적인 흐름을 참고만 할 뿐입니다. 왜냐하면 거시경제는 기업가치와는 근본적으로 다른 성질이 있는데, 기업은 그 속도의 차이는 있으나 끊임없이 성장하지만, 거시경제 지표는 끊임없이 순환한다는 점입니다. 무슨 소리인가 하면 가치상승률이 좋은 우량한 기업(스노우볼 기업)이 수십 년에 걸쳐서 몇 백배 이상 내재가치가 상승하는 것과는 달리, 환율이 무한하게 지속적으로 오르거나, 금리가 계속 일정하게 오르지는 못한다는 이야기입니다.

거시경제가 순환한다는 말은, 글로벌화된 거시경제가 아무리 복잡하고 그 구성요소가 아무리 많더라도, 호황은 불황의 방향으로 불황은 호황의 방향으로 결국 반대의 방향으로 순환한다는 이야기로, 투자에 있어 거시경제가 매우 악화되었을 때는 호전될 것을 중장기적으로 예상하고 투자할만한 시점이 되며, 거시경제가 매우 좋아졌을 때는 일정한 시기 내에 악화될 것을 예상하고 고평가된 자산을 현금화할만한 시점이 된다는 이야기입니다.

필립피셔와 워런버핏, 그레이엄 등 투자스타일이 다르더라도 큰 범위 내에서 대동소이한 가치투자자라면, 주식시장이 상승할 때는 물론이고 주식시장이 악화되어도 돈을 벌게 되어 있습니다.

왜냐하면 증권시장 자체가 하락하여 수익률이 악화되면, 보유한 주식들의 내재가치와 주가 간의 괴리율을 다시 계산해서, 괴리율이 더욱 벌어진 종목의 투자 비중을 높여주면, 시장이 회복할 때 시장수익률을 훌쩍 초과하여 회복하기 때문입니다. 즉, 시장이 떨어지는 것 자체가 돈을 벌게는 못해주지만, 시장이 떨어질 경우 차별적으로 하락한 주식 간에 비중을 조절하여 기대수익률을 훨씬 높일 수가 있는 것이지요.

게다가, 최고수준의 가치투자방법으로 투자한 스노우볼 기업의 경우 해당 기업의 자본과 이익이 계속 가속적으로 누적되기 때문에, 증권시장의 회복이 매우 오래 걸릴지라도 투자자는 여전히 돈을 벌게 됩니다.

수익률 달성기간과 촉매

기업의 정성, 정량분석 및 가치평가를 하면, 적정주가와 현재 주가 간의 괴리율과 복리로 유지 가능한 가치상승률이 도출됩니다. 이 중 괴리율을 중점적으로 살펴보면, 적정가치 대비 현재 얼마나 할인된 가격으로 거래되고 있는가의 개념이라고 할 수 있습니다.

즉, 풍년과 흉년 시의 농산품 평균치 가격이 얼마인가 하는 것을 중심으로 농산품 가격이 높고 낮은 것을 알 수 있듯이, 평가원에서는 호

경기와 불경기를 감안하면 현재의 실질적인 실적이 얼마인가 교육하는 것을 중심으로 기업의 적정한 실적 대비 주가가 높고 낮은 것을 알 수 있는 것입니다.

이러한 괴리율이란, 기업가치가 근본적으로 훼손되는 사건이 아닌, 일시적인 정보 등 순환하는 이벤트로 주가가 낮은 상황일 경우 반드시 축소되게(적정주가에 근접) 마련입니다.

촉매투자는 이러한 괴리율이 빠른 시일 내에 축소될 기업에 집중 투자하는 방법이나, 분산투자를 통해 촉매가 반영되는 종목을 그때그때 처분하여 수익을 내는 방법 등을 말합니다.

주식투자에 있어서 촉매에는 어떤 것이 있을까요? 간단히 마리오 가벨리와 랄프 웬저의 조언을 빌자면 아래와 같습니다.

마리오 가벨리는 기업의 주가변화를 촉진시키는 촉매를 두 가지로 분류합니다.

첫 번째 촉매는 특정 기업의 전망을 바꾸는 변화로써, CEO나 대주주의 변화, 사업부의 분사, 신사업 개시, 적자사업 매각 등 특정 기업의 이익전망을 바꾸어 놓는 변화가 이에 해당합니다. 예를 들면, 삼광유리공업이 과거 B2B 사업부이던 유리병사업뿐 아니라 B2C 사업부인 밀폐용기사업(신사업)을 개시할 때 실적촉매가 발생하기 시작했습니다.

두 번째 촉매는 비즈니스 환경의 대대적 변화로써, 정부의 정책이나 기술의 큰 변화, 인구와 생활양식 트렌드, 기후나 환경변화 규제 등이 이에 해당합니다. 제약업종 전체의 주가가 약가인하로 인해 눌려 있던 시기, 혁신형 제약사 정책의 시행으로 해당 제약사들의 주가가 다시 회복하던 시기 등을 예로(정부의 정책) 들 수 있습니다.

랄프 웬저는 대형주 대비 특히 중소형주에 있어서 대표적인 촉매로 피인수합병과 자사주 매입, 시장의 재평가 등을 꼽고 있습니다.

대형주이건 중소형주이건 성장을 통해 기업가치가 올라가는 것은 마찬가지입니다.

그러나 그뿐 아니라 중소형기업에 있어서 피인수합병은 주가가 내재가치 수준 혹은 그 이상으로 상승할 수 있는 기회이며, 또한 중소형기업은 대형기업에 비해 주식수가 많지 않아 자사주 매입을 통해 주당 가치가 상승할 수 있기 때문에 자사주 매입도 좋은 촉매로 보고 있고, 소형주인 관계로 이익지속 불확실성 및 유동성 등의 이유로 인해 과거에 저평가되던 기업이 지속적인 이익성장을 보일 경우 투자자들의 재평가를 받게(시장의 재평가) 되어 저평가가 해소될 수도 있습니다.

기본적으로 자신의 기대수익률을 알고 투자하는 것, 예를 들면 복리 가치투자자의 경우 복리수익률(가치상승률)과 일회성괴리율을 곱한 복합수익률을 알고 투자하는 것이 실전가치투자이지만, 촉매는 기대수익률을 달성하는 시간을 단축시켜 줄 수 있는 요소입니다.

다만, 진지한 수준에서 촉매투자에 좀 더 비중을 두기 위해서는, 피터 린치의 경우를 빗대어 표현하자면 촉매에 해당하는 정보를 얻기 위해 발이 닳도록 돌아다녀야 하며, 개인투자자의 경우를 말하자면 손으로 검색하고 눈으로는 읽고 입으로는 전화를 할수록 촉매투자에 보다 적합하다고 하겠습니다.

현금비중조절과 가속수익률

비중조절은 수익률 달성 시기를 촉진한다기보다는 수익률 자체에 가속페달을 밟는 방법으로 설명할 수 있습니다. 촉매 외에 누적수익률을 가속화할 수 있는 또 하나의 비밀이 비중조절이며, 이는 현금비중조절 및 보유종목간 비중조절 두 가지를 의미합니다.

우선 비중조절의 첫 번째 개념은 증권시장의 고평가 저평가를 판단하여 현금비중을 조절가능하다는 것입니다.

우선 시장 전체의 고평가 저평가를 판단할 경우, 단기적으로는 미래를 알 수 없지만 중기적으로 시장이 하락할 것인지 상승할 것인지를 반드시 알 수 있습니다.

시장 전체가 비싼가 싼가를 평가하는 방법이 세 가지가 있는데, 가장 널리 알려진 방법이 FED 모형, 두 번째로 알려진 모형이 GDP 비율, 마지막으로 가장 합리적이고 신뢰성 있는 모형이 한국주식가치평가원의 PBR 모형입니다.

구체적인 공식과 활용파일 등은 평가원의 교육을 참조하시고, 본서에서는 전체적인 개념과 의미를 정리하겠습니다.

첫 번째 FED 모형은, 증권시장 전체의 순이익 대비 시장전체 시가총액이 몇 배인지를 의미하는 시장 PER의 역수로 시장수익률을 계산하고, 증권시장 수익률과 국고채 5년물 금리 간의 스프레드를(벌어진 정도) 계산하여, 증권시장의 고평가 저평가를 판단하는 방법입니다.

개략 감을 잡을 수 있는 예로, 국내 증권시장의 PER이 14일 경우, 14의 역수인 1/14 즉 7%가 증권시장의 기대수익률이라는 의미로써, 5년물 국공채는 물론이고 기업이 발행하는 사채 등 타인자본(부채)보다도 리스크가 높은 기업의 자기자본(주식) 기대수익률이 6%라면 리스크 대비 수익률이 너무 낮아 투자매력도가 떨어진다고 할 수 있습니다. 그래서 PER 16은 고평가라고 판단하게 됩니다.

반면에 증권시장의 PER이 7일 경우, 7의 역수인 1/7 즉 14%가 증권시장의 기대수익률이라는 이야기로, 리스크를 감안한다고 할지라도 기대수익률이 너무 높아 투자매력도가 높다고 할 수 있습니다. 결국 PER 7은 저평가라고 판단하게 됩니다.

주식자산을 포함하여 기본적으로 모든 금융자산은 리스크를 감안한 수익률이 조금이라도 유리한 쪽으로 밀물같이 쏠리는 경향이 있습니다. 그러므로 상대적으로 리스크가 높은 자산인 주식시장의 PER 역수와 상대적으로 안전자산인 국고채 5년물 금리를 비교하여 스프레드를 계산하는 방법은 이론 및 실무적으로 타당한 방법입니다.

다만 치명적인 약점이 있다면, 특정 기업의 위험에 해당하는 비체계적 위험이 제거된 증권시장 전체라고 할지라도, 증권시장 전체의 당기순이익은 증권시장 전체의 순자산에 비해서 변동성이 큰 편입니다. 그러므로 시장 PER을 구성하는 'E(Earning)', 즉 상장사 전체의 순이익이 때로 크게 증가하거나 감소하는 변동성 때문에, 동일 시장 PER 수치라고 할지라도 그 의미는 경기 국면마다 다를 수 있다는 점이 한계입니다.

두 번째로, 시장시가총액 대 GDP비율 모형은, 기업의 실적이 GDP를 구성하는 주요 항목이므로, GDP와 시장시가총액의 역사적 비율을 기준으로 현재의 비율을 판단하는 경우입니다. 즉 역사적인 비율에 비해서, GDP 대비 시장시가총액이 매우 크다면 고평가라는 것이고, 반대로 매우 작다면 저평가라는 것입니다.

이 경우 GDP에서 기업실적이 차지하는 비중이 국가마다 다르기 때문에 얼마의 수치가 적당한 것인지 절대적인 근거가 없다는 단점이 있습니다만, GDP는 시장전체의 순이익보다는 변동성이 적으므로 좀 더 안정적인 지표일 수 있으며, FED 모형을 보조할 수 있습니다.

세 번째로 한국주식가치평가원에서 체계화한 시장 PBR 모형, 즉 증권시장 전체의 순자산 대비 증권시장 전체의 시가총액이 몇 배인가는, 증권시장을 판단하는 위 두 모형에 비해서 보다 합리적이고 타당한 증권시장 평가모형입니다.

예금자산이건, 부동산이건, 개별 주식이건, 주식시장 전체이건 간에 모든 투자자산은, 투자수익률을 감안하여 순자산에 프리미엄이 붙거나 디스카운트가 됩니다. 어느 정도의 투자수익률에 어느 정도의 프리미엄을 부여하는지에 해당하는 공식은 기관 내부의 노하우로 정규 투자교육 외에는 비록 공개할 수 없지만, 확실히 말할 수 있는 것은 국내 증권시장의 PBR은 국내 상장사 전체의 유지가능한 투자수익률에 의해 일정 범위 내를 순환하게 되어, 적정한 PBR을 중심으로 몇 년간의 주기적인 상하진폭을 보이게 됩니다. 이 모델의 특징은, PBR의 요소 중 하나인 'B(Book)', 즉 시장전체의 순자산(자기자본)은 시장전체의 당기순이익이나 GDP보다도 변동성이 적어 기준이 될 만하다는 장점이 있습니다.

더욱이 이 모델의 가장 탁월한 장점은, FED 모델의 장점을 흡수하여 투자수익률에 의한 시장평가가 가능하면서도, GDP 모델의 장점도 포함하여 변동성이 낮고 신뢰감이 있는 평가모델이라는 점입니다. 다만, 적정한 투자수익률과 프리미엄 혹은 디스카운트에 대한 기본적인 실전이론을 배워야만, 이 방법을 이해하고 자유롭게 활용할 수 있다는 제한이 있습니다.

상기 언급한 세 가지 시장평가모델 중 하나 혹은 복수의 방식을 활용하여 시장의 고평가, 저평가를 판단할 경우, 하락 직전이 언제인지를 예언할 수는 없지만 주가가 하락하기 훨씬 이전에 혹은 상승하기 전에 어느 정도 현금과 주식 비중을 미리 조절할 수 있다는 장점이 있습니다.
위 증권시장 평가모델 중 워런버펏이 주식시장의 전망에 대해서 FED 및 GDP모델의 개념과 일맥상통하게 이야기한 적이 있어, 그 논리를 소개하고자 아래에 정리합니다.
다만 GDP모델로 주식시장 전체를 평가할 때, GDP 대비 증권시장

시가총액의 적정한 비율이 미국과 중국, 한국이 모두 다르다는 점을 위에 말했듯이, 버핏이 언급한 퍼센트는 미국시장에 대한 그의 의견으로써, 한국시장에 그대로 적용할 수 있는 수치는 아니라는 점을 밝힙니다. FED 모델 역시 국가 별로 무위험수익률(금리)이 다르고 그렇기 때문에 증권시장의 적정 PER도 다르므로, 미국과 한국의 무위험수익률과 증권시장의 적정 PER도 다르다는 것을 미리 밝힙니다.

워런버핏은 1999년과 2001년 두 차례에 걸쳐 포춘지에 당시 시장에 대한 견해를 연재한 바 있는데, 그만의 독특하지만 상당히 현실적인 관점이 언급되어 있어 하나의 기준을 던져주고 있습니다.

1964년 12월 31일 874.12였던 다우지수는 17년이 지난 1981년 12월 31일 875.00으로 마감되었습니다. 그러나 1981년부터 1998년까지의 17년 동안은 875에서 9,181.43으로 10배 이상 폭등하게 됩니다. 역설적인 것은 주가가 거의 오르지 않은 1964년~1981년의 기간 동안 미국의 GDP는 4배 가까이 오른 데 반해, 주가가 10배 이상 폭등했던 1981년부터 1998년까지는 GDP가 2배도 채 못 올랐다는 것입니다.

워런 버핏은 기고에서 주식시장을 움직이는 요소로 '금리'와 'GDP 대비 기업이익'을 언급하고 있습니다. GDP가 4배 가까이 증가한 상황에도 불구하고 17년간 움직이지 않던 주가가, GDP가 2배도 증가하지 못한 17년 동안 10배 가까이 오른 가장 중요한 이유로 금리의 하락을 들고 있습니다.

1964년~1981년의 기간 장기 국공채 금리는 4% 수준에서 1981년 말 15%까지 엄청나게 오르게 되는데, 이는 자산가격들을 위에서 짓누르는 거대한 힘으로 작용했다고 언급하고 있습니다. 무위험수익률이 단계적으로 15%까지나 상승했으니 추가적인 리스크가 있는 증권시장의 투자매력도가 지속적으로 하락하면서 시장의 PER이 계속 내려올 수밖에 없었을 것입니다.

반대로 1981년 이후 금리의 트렌드는 1998년 말 5% 수준까지 하락하게 되었고, 과거에 비해 상대적으로 보잘 것 없어진 무위험수익률로 인해 주식시장의 상대적인 투자매력도는 상승하고, 시장 PER도 자연스럽게 상승하면서, 그 동안 억눌려온 GNP 상승분과 함께 주식시장을 10배 뛰어오르게 만들었다고 설명하고 있습니다.

더불어 버핏은 주식시장 전체 시가총액과 GDP의 규모를 비교함으로써 주식시장의 저평가 여부를 판단하는데 참고한다고 언급합니다. 버핏이 미국 증권시장에서 주식을 왕성하게 매수하는 시기는 보통 주식시장의 시가총액이 GDP의 70~80% 수준일 때입니다. 참고로, IT버블 시기에 미국 주식시장의 시가총액은 190% 수준까지 치솟은 바 있으며, 2008년 금융 위기 때 70% 선까지 떨어진 바 있습니다.

버핏은 좀처럼 시장에 대해 언급하지 않기 때문에, 포춘지에 기고한 시장에 대한 견해는 참고할 가치가 있습니다. 비록 버핏이 10년 전에 기고한 내용이지만, 21세기에 진보한 증권시장평가 방법론과 기본적으로 차이가 없음을 알 수 있습니다.

보유종목간 비중조절과 가속수익률

다음으로 보유종목간 비중조절이 있습니다. 보유종목간 비중조절은 사실 단순하지 않고, 세 가지 단계로 나눌 수 있습니다.

첫째, 단기주가변동을 이용한 비중조절은 내재가치와 주가의 괴리율에 무관하게 주가 자체만의 변동성을 이용하는 방법으로, 단기적으로 주가가 많이 상승한 종목은 하락을 대비하여 비중을 줄이고 주가가 많이 하락한 종목은 상승을 준비하여 비중을 늘리며 이를 베타(주가변동성) 조절이라고 합니다. 단기적인 주가는 내재가치와는 별도로 내재가치를 모르는 대다수 시장참가자들의 투표 결과로 정해지는 것으로, 시장참가자들은 그 종목의 과거 주가수준을 기준으로 많이 올랐다 내렸

다를 판단하므로 단기적인 주가는 과도한 상승의 일부를 반납하거나, 과도한 하락의 일부를 회복하는 경향이 있습니다. 누구나 할 수 있으며 단기적으로 효과적인 방법일 수 있지만, 내재가치와 무관한 방법으로 맞지 않을 가능성도 크고 중장기로 갈수록 매우 효과가 불확실하다는 단점이 있습니다. 단기적 혹은 중기적으로 이루어집니다.

둘째, 기간을 정해 보유종목들의 내재가치와 주가 간 괴리율이 벌어지거나 좁혀질 때마다, 괴리율이 적은(기대상승률이 낮은) 종목의 비중을 줄이고 괴리율이 확대된(기대상승률이 높은) 종목의 비중을 늘리는 방법으로, 이를 괴리율 조절이라고 합니다. 단기주가변동을 이용하는 것보다 확실한 근거에 의해서 비중조절을 하는 것으로 더 우수한 방법이지만, 기본적인 가치평가 능력을 갖추어야 가능한 방법입니다. 중기적으로 이루어집니다.

셋째, 보유종목들의 기업가치 혹은 내재가치 상승률이(주가상승률도 아니고, 일시적 실적 개선도 아님) 중장기적으로 최초 판단과는 다르게 실현될 수 있습니다. 그럴 경우 기간을 좀 길게 두고 가치상승률이 근본적으로 더욱 상향된, 최초 매수시보다 더욱 기업 내용이 우량해진 종목에 집중하고, 가치상승률이 하향되고 있거나 하향이 예상되는 종목 비중을 좀 줄이는 방법입니다. 특정 스노우볼 기업의 가치성장률 가속화 혹은 둔화를 판단하거나, 가치성장률 측면에서 스노우볼 기업 간의 우열을 판단할 수 있는, 상당한 기업분석(사업전략, 재무손익) 체계를 가진 투자자가 쓸 수 있는 방법입니다.

세 가지 중 어떤 것을 중심 전략으로 하고 어떤 것을 그때그때 대응 전술로 하느냐에 따라서, 시간에 따라 누적수익률이 크게 달라질 수 있습니다.

마지막으로, 복합적인 비중조절법은, 증권시장이 과도하게 상승하면 주식의 비중을 줄이는데 주로 내재가치보다 주가가 많이 올라간 종목의 비중을 줄이고, 증권시장이 과도하게 하락하면 주식의 비중을 늘리는데 주로 내재가치보다 주가가 많이 내려간 종목의 비중을 늘리는 방법 등으로, 주식과 현금비중 조절과 더불어 보유종목간 비중조절까지 함께 쓰는 것입니다.

03 투자심리와 행동경제학

　가치가 상승하는 좋은 기업을 우선 선별하고 해당 기업의 내재가치보다 쌀 때 투자하면, 반드시 수익을 낼 수 있습니다. 다만, 주식투자자들은 대개 이성을 갖추었음에도 불구하고 주식투자를 할 때에는 이성적인 태도가 아니라 감정적인 태도로 투자의사결정을 하는 경우가 많습니다. 월급생활자(지식이건 노동이건)로서 일을 할 때 요구받는 정도와는 차원이 다르게, 투자자의 경우 감정을 상당히 통제해야 합니다.

　자본을 투자한 오너(CEO가 아니라 오너)가 리스크를 지고 수익과 손실을 상당부분 책임지는 반면에, 직원으로서 일을 할 때에는 사업실패에 대한 리스크가 거의 없이 자신이 맡은 부분에 대해서만 책임을 지고 대신에 급여라는(기업 입장에서는 비용) 형태의 상대적으로 변동성이 적은 대가를 받아갑니다. 주식투자자의 수익구조는 바로 월급생활자와 오너 중 오너의 수익구조와 유사합니다. 주식투자를 하다보면 탐욕도 생기고 공포도 생기게 마련이지만, 탐욕과 공포에 의해서 어리석게도 이성을 발휘하지 못하고 감정적으로 행동하다 보면, 그 리스크는 모두 주식투자자에게 그대로 돌아옵니다.

왜 행동경제학이 탄생했는가, 달리 말하면 쓸모가 부각되었는가를 말하자면 원칙, 전략과 전술을 아는 것은 머리이지만, 실제로 자신의 실력에 대한 믿음이 부족하거나 혹은 투자자로서 훈련이 덜 되어 있을 경우, 시장에서 반응하는 것은 대부분 가슴이기 때문입니다.

어떤 면에서는 사랑할 때와 주식투자를 할 때가 정말 비슷하다고 느낍니다. 예를 들어, 자기 자신이 자석처럼 매우 끌리는 이성이라면 외모, 능력, 유머감각, 재력, 성품 무엇이든 간에 사실 자신보다 매력이 뛰어난 경우가 많습니다. 그런 경우 우선 사랑하는 마음이 본질적으로는 중요하겠지만, 마음 가는대로만 표현하다보면 쉽게 자신의 애인으로 만들기 어렵고 오히려 실수라든지 어리석은 행동을 하기 일쑤지요.

오히려 그 사람을 대면하기 전에는 어떻게 해야 그 사람을 사로잡을 수 있을지 계획을 짜야 하고, 실제로 만나서 시간을 함께 보낼 때에는 애초에 짠 계획을 따르되 그때그때 상황에 맞추어 가장 적당한 방향으로 행동해야 합니다.

주식투자도 똑같습니다. 좋은 주식을 보면 모든 면이 좋아 보이게 마련이지요. 사업구조는 경제적 해자를 갖추고 있고, 재무손익적으로 흠도 하나 없는데다가, 경영진까지 별로 나쁜 점이 안 보입니다. 게다가 지금 사지 않으면 주가는 계속 올라가서 다시는 살 기회를 주지 않을 것처럼 착각이 들기도 합니다.

그런데 냉수라도 한 컵 마시고 차분하게 다시 보면 조금 다를 수 있습니다. 분명히 좋은 기업임에는 틀림없고 잘 투자할 경우 매우 큰 수익률을 낼 수 있겠지만, 지금 실적이 평소보다 잘 나와서 이미 주가가 상당폭 올라 있다든지, 참 좋은 기업임에도 지배구조 이슈 상(오너일가 간 양수도 등) 향후 단기적으로 주가를 누를 수밖에 없는 요인이 있다든지 하는 것들이 보이기 시작합니다. 분명히 좋은 주식이지만 인내심 있게 조금 더 좋은 기회를 기다리면 큰 수익을 낼 수 있는데, 너무 열정적으로 빨리 주식을 사랑하면 실제로 투자수익은 크게 못 낼 수 있습니다.

행동경제학(행태재무학 등 같은 내용)에서는 금융상품에 투자할 때 이성을 가진 사람이 어떤 행동의 오류를 범하는가를 연구해 왔는데, 그 중에서 제가 판단하기에 매우 중요하다고 생각되는 다섯 가지만 간단히 소개하겠습니다.

첫 번째로, 과도한 자신감이 향후의 큰 투자손실을 야기합니다. 그 것은 투자수익을 냈을 경우 운이나 기회에 의한 것인지 자신의 투자체계로 인한 반복가능한 수익인지를 솔직히 판단해야 하는데, 비록 운이나 기회로 인해 수익을 낸 것에 불과할지라도 대부분의 투자자들은 자신의 능력으로 돈을 번 것으로 오인하게 되어, 향후 큰 손실을 입게 됩니다.

두 번째로, 손실회피와 후회회피 현상은 투자손실을 눈덩이처럼 키웁니다. 보유하고 있는 기업의 내용이 좋지 않아서 주가가 떨어지고 있는 경우에도 실제로 투자손실을 입는 것을 두려워하여, 주가가 회복될 때까지(회복가능성이 실제로 없어도) 계속 그 종목을 소유하는 실수를 범합니다.

또한, 주식투자자들은 자신의 판단이 실패했음을 솔직하게 인정해야 다시는 같은 실수를 하지 않고 향후의 투자성공을 이끌어낼 수 있는 법인데, 실제로는 자신의 판단이 실패했다는 것을 인정하기 어려워하기 때문에 가능성이 거의 없는 시나리오나 미래를 막연히 기대하며 주가가 하락한 종목을 팔지 못하고 손실을 확대하는 경향이 있습니다.

세 번째로, 과잉반응과 반응부족으로 인해서 투자수익을 내거나 투자손실을 방지할 수 있는 기회를 놓치는 실수를 범합니다. 초보 개인투자자들의 경우 대개 과잉반응의 모습을 보이는데, 과잉반응이란 최근의 좋은 정보에 과도하게 낙관적으로 반응하여 주가를 급격히 상승시키거나, 최근의 나쁜 정보에 과도하게 비관적으로 반응하여 주가를 급격히 하락시키는 것을 의미합니다.

한편, 투자에 어느 정도 익숙한 개인투자자들이나 기관의 투자전문가들의 경우 반응부족의 실수를 종종 보이는데, 반응부족이란 과거의 열등기업이 최근에 질적으로 개선되고 있음에도 불구하고 해당 기업에 대한 상향 재평가가 상당히 더뎌지는 것, 혹은 우량기업의 사업내용이 최근에 심각하게 훼손될 조짐이 보임에도 불구하고 해당 기업에 대한 하향 재평가가 상당히 더뎌지는 것을 말합니다.

네 번째로, 개인투자자들이건 혹은 투자업계의 애널리스트나 펀드매니저이건 간에 상관없이 집단행동을 보이는 경향이 있습니다. 이는 자신의 독자적인 견해 혹은 판단이 무리와 다를 때, 무리의 판단에 따름으로써 일단 안심을 느끼는 인간의 본능 때문입니다. 무리의 의견을 따를 필요도, 거스를 필요도 없습니다. 자신의 판단이 무리와 다르면 달리 가는 것이고, 무리와 같으면 같이 갈 수 있는 것이 감정이 배제된 이성에 의한 투자이기 때문입니다.

마지막으로, 돌출된 사건이라는 개념으로 인해 많은 사람들이 투자 손실을 입어 왔습니다. 돌출된 사건이란, 특정한 사건들이 확률에 비해서 영향력이 과도하게 큰 것을 이야기하는 것으로, 예를 들면 태풍 등의 자연재해가 며칠 내로 대도시로 다가올 때 혹은 이미 대도시를 강타했을 때, 그런 일이 실제로 발생하거나 혹은 다시 발생할 확률이 매우 낮음에도 불구하고 주기적으로 반복될 것으로 대중들이 인식하는 것을 말합니다. 그 결과는 실제 기업가치가 훼손된 정도보다 훨씬 과도하게 보험사의 주가가 떨어지는 현상으로 나타나고, 이 때 손실을 보면서 투매에 동참한 투자자들은 시장이 점차 냉정함을 되찾으면서 회복된 주가를 보고 후회하게 됩니다.

주식투자자의 위와 같은 어리석은 행위로, 실제로 개개인들이 가지고 있는 이성의 능력에 비해서 매우 어리석은 투자의사결정을 내리는 일이 수없이 일어나며, 대부분 수익기회를 날리거나 손실을 막지 못하는 결과를 야기합니다.

위의 다섯 가지를 이해하면 좋지만 항상 모두 외우고 다닐 필요는 없습니다.

주식투자에 있어서 행동경제학의 골자를 간단히 정리해보자면, '시장이(시장을 구성하는 평균적인 투자자) 어리석다는 것을 인식하자', '자신의 능력이 어느 정도인지 솔직하게 인식하자', '자신의 능력이 통하는 영역에서 시장이 어리석음을 보일 때 그것을 적극적으로 활용하자' 정도입니다.

즉, 주기적으로 확대되는 변동성에 놀라기보다는 오히려 그것을 이해하고 활용한다면 증권시장 혹은 개별기업 주가가 크게 변동할 때마다 수익률을 극대화할 수 있습니다.

참고로, 투자심리의 대가 앙드레 코스톨라니가 금기시한 10가지를 아래에 소개합니다.

★★ 투자자를 위한 10가지 금기사항 ★★

❶ 추천종목을 따르지 말고, 소문에 귀 기울이지 마라.

❷ 매도자의 이유와 매수자의 이유를 스스로 알고 있다고 착각하지 마라. 또한 자신보다 많이 알 것 같은 타인의 말에도 귀 기울이지 마라.

❸ 손실을 억지로 다시 회복하려고 하지 마라.

❹ 지난 시세에 연연하지 마라.

❺ 주식을 사놓은 뒤 언젠가 주가가 그냥 오를 것이라고 희망하면서 그 주식을 잊고 지내지 마라.

❻ 시세변화에 민감하게 반응하지 마라.

❼ 어디서 수익 혹은 손실이 있었는지 계속해서 계산하고 회고하지 마라.

❽ 단기 수익을 얻기 위해서 매도하지 마라.

❾ 정치적으로 지지하거나 반대한다고 해서, 심리적으로 영향을 받고 매매하지 마라.

❿ 이익을 보았다고 해도 결코 자만하지 마라.

04 장기예측

비즈니스 장기 트렌드

세상에 영원한 것은 아무것도 없습니다. 투자의 귀재로 불리는 워런 버핏 역시 블루칩 스탬프나 월드북 백과사전 등 이미 수명을 다했거나 급격히 수명이 다해 가는 사업에 투자한 결과 투자손실을 본 적이 있었습니다.

모든 것은 변한다는 진리만 변하지 않을 뿐, 영원한 것은 없다고 합니다. 산업 측면에서 보기 전에 우선 주식투자를 위한 기업회계측면의 사례를 들자면, 영원한 고정비는 없다는 말도 같은 의미입니다.

그게 무슨 의미인지 쉽게 설명드리겠습니다. 제품 하나를 생산하는데 드는 재료비의 경우 생산량을 늘리는 만큼 그에 따라서 재료비가 증가하므로 이를 변동비적 비용이라 하고, 이미 투자한 유형자산(공장 등)에서 발생하는 감가상각비나 이미 고용한 근로자의 인건비 등 제품 몇 개를 더 생산하건 말건 비용변동이 없는 것을 고정비적 비용이라 합니다. 즉, 제품 100개를 생산하건 110개를 생산하건 추가되는 비용이 없다는 의미입니다.

다만 위 언급한 고정비 역시, 장기적인 기업경영전략에 비추어 보면 단기적으로는 고정비이지만 장기적으로는 변동비 성격으로 변모합니다. 과거부터 현재까지 십수 년 간 열 배로 늘어난 수요시장에 대응해서 유형자산도 결국 몇 배로 늘려야 했고, 근로자도 몇 배로 뽑아야 했다는 것입니다. 기간을 초장기적으로 잡으면 기업이 비용으로 처리하는 모든 비용이 변동비이지요.

마찬가지로 회계 수준을 벗어나서 시야를 확대하고 산업측면을 보면, 짧게는 업종 호불황사이클에 따른 주도주(주도 업종)가 순환하게 마련이고, 길게는 성장산업과 사양산업이 존재하게 마련입니다.

즉, 타자기 회사에서 투자자금을 회수하지 않고는 시대의 흐름에 역행하여 손해를 볼 수밖에 없는 것입니다. 이것은 시대 별로 투자자들이 선호하는 테마에 대해서 이야기하는 것이 아니라, 장기간에 걸쳐 실제로 발생하는 산업의 실적 감소와 통계로 잡히는 수요 변화 트렌드를 이야기하는 것입니다

최소한 5년에서 10년 정도 후에도 수요시장이 확실히 남아있을 것이라고 고개가 끄덕여지는 기업에 투자하는 것이, 그리고 간헐적으로 사업전망 자체를 확인하는 것이, 보다 안전하게 리스크를 방지할 수 있는 투자태도입니다. 세상에 영원한 것이 없듯이 주식투자의 대상인 기업이 속한 업종 역시, 간혹 별로 오래 가지 못하는 업종도 있으며, 오래 가는 업종이라 할지라도 언젠가는 그 규모가 축소되거나 소멸되기 마련이기 때문입니다.

어떤 산업이나 기업의 과거를 안다고 해서 모두 부자가 되는 것은 아닙니다.

하지만 산업이나 기업의 과거를 안다는 것은 중요한 것이니만큼 한 번 생각해볼 필요가 있습니다.

비즈니스의 역사를 안다는 것은, 바로 고객(customer), 경쟁사(competitor), 당사(company) 등 3C의 입장에서 수요가 어떻게 변화되고 확장되어 왔는지, 경쟁사의 수는 어떻게 증감하고 각사의 전략은 어떠했는지, 수요시장 내에서 당사 제품(서비스)의 포지셔닝과 강점은 무엇이었

는지 등을 파악하는 것입니다. 간단히 말해서 수요가 성장하는 시장을 잘 찾아서, 기존 업체들이 부응하지 못하는 소비자의 필요와 욕구에 자사의 강점을 결합하고, 타사가 쫓아오지 못하도록 브랜드, 기술, 품질, 유통망 등을 확립하여 이익을 확대하고, 나아가서 시장의 수요 자체를 리드하는 선도 기업이야말로 가장 기업가치가 빠른 속도로 증가하며 주가 역시 그를 따르는 것입니다.

그러나 과거의 역사를 안다고 해서 무슨 일이 발생할지 미래를 추정할 수 있는 것은 아닙니다. 산업에 따라 난이도는 다르지만 미래 에측에는 선견지명이 필요합니다.

그렇기 때문에 워런 버핏은 선견지명의 역할비중이 작은 업종, 예를 들어 맥주나 사탕, 탄산음료, 면도날 등을 생산하는 소비재 업종을 가장 선호했던 것입니다. 사업의 특성상 끊임없이 신기술과 신제품을 개발해야 하는 기업은 그만큼 미래를 추정하기가 매우 어렵습니다. 다만, 그러한 기업이 투자대상으로 나쁘다는 이야기는 아닙니다. 해당 기업이 현재 제조, 판매 중인 제품의 수명이 짧더라도 기업의 기술개발능력과 시장의 수요를 읽는 능력이 뛰어나다면, 시장을 선도해나가면서 끊임없이 수익을 확대해나갈 수 있는 것입니다. 끊임없이 신기술과 신제품을 개발해야 하는 기업에 투자하기 위해서는 필립 피셔나 랄프 웬저처럼 업계의 기본지식을 보다 더 공유할 필요가 있습니다. 기본적으로 회사의 홈페이지나 사업보고서만이 아니라 협회사이트 등을 참조할 수 있고, 심지어 적극적인 투자자의 경우 관련 업계의 세미나 등에도 참가할 필요가 있지요.

그러한 번거로움을 피하자고 한다면, 세계의 문화적 트렌드가 조금씩 변하고 세상의 부의 지도가 조금씩 바뀌더라도 크게 변화가 없이 수요가 유지되거나 확대될 수 있는 안정적인 업종에 집중할 수 있을 것입니다. 안정적인 업종에 집중하는 것이 그에 준하는 낮은 수익률을 말하는 것은 절대로 아니기 때문입니다.

05 자신만의 필살기

투자의 체계에 더한 자신만의 필살기

주식투자를 지속적으로 오래도록 잘하기 위한 요소를 뭉뚱그려서 세 개만 꼽으라면, 그 중요도의 순서대로 투자체계, 누적지식, 필살기 정도를 꼽을 수 있습니다.

쉽게 말해 벼락부자가 되었다가 한순간에 재산을 날리는 주식투자자가 아니라, 단기적인 주가등락을 겪을지언정 대체로 좋은 수익률을 유지하면서 주식자산은 점점 가파른 속도로 늘어나고, 일단 벌어놓은 주식자산은 태산같이 튼튼하게 지키는 그러한 주식투자자가 되려면,

최우선적으로 재무손익분석, 기업의 사업구조 분석, 가치평가 툴(상대가치, 절대가치평가) 등을 단편적인 책을 통하기보다는 체계적으로 실전이론을 배워야 하고, 그런 연후에야 비로소 관심업종이나 관심기업 등의 영역을 넓히면서 투자지식을 하나하나 넓혀 가면 됩니다.

혼자서 익히는 것이 어려운 투자체계를 배움을 통해 최우선적으로 철저히 갖추고, 연후에 개인적으로 투자지식을(기업정보, 산업특성 등) 자신의 능력과 속도에 맞추어 무리하지 않고 하나씩 더해나가는 것만으로도, 주식이라는 자산은 위험자산이 아니라 비교적 안전하게 느낄 수 있는 상대적 안전자산으로 변하고, 또한 주식자산을 늘리면서 재산을 가장 효과적으로 불려나갈 수 있습니다.

위 두 가지만 갖추어도 투자수익을 내는 데 전혀 문제가 없지만 더 이야기하고자 하는 것은 한 가지 플러스 알파적인 요소입니다. 물론, 위 두 가지 요건을 갖추는 것이 선결 조건으로, 그렇지 못할 경우 아래의 설명은 아직 쓸모가 없으므로 읽지 않아도 됩니다. 왜냐하면, 위 두 가지 요건을 갖춘 후에야 비로소 아래 내용이 비로소 도움이 되기 때문입니다.

플러스 알파가 되는 부분은 바로 자신만의 필살기입니다.

무언가 대단한 것을 기대한 나머지 싱겁게 느껴진다면 죄송한 노릇이지만, 위에서 언급한 두 가지를 개략 갖추었으면 이미 충분히 현명한 투자자이기 때문에 더 필요한 것이 사실상 없습니다. 자신만의 필살기라고하는 것은 없어도 되지만, 혹시나 그것을 구축했다면 사실 투자에 있어 작은 예술가의 경지에 도달했다고 할 수 있습니다.

이미 현명한 투자자이자, 실전가치투자의 체계를 갖춘 상황에서 자신만의 마지막 색깔을 입히는 것이라고 할 수 있지요.

위 두 가지, 80%에 해당하는 주식투자체계(투자 프레임)를 배우고 20%에 해당하는 산업과 기업지식을 개인적으로 쌓아나가는 것으로써 이미 충분한 수익률을 확보했기 때문에, 자신만의 필살기를 더하여 어떤 색깔을 입혔느냐가 수익률을 크게 좌우하지는 않습니다. 어떤 필살기를 쓰건, 결국 갖추어진 가치투자자에서 한 발 더 나아가 자신만의 스타일을 구축할 경우, 수익률에 아주 약간 가속력을 더해주고 자신만의 고유한 영역을 구축하게 해주는 결과가 발생할 따름입니다.

예를 들어 말하자면, 존 템플턴 경은 수학과 이재에 밝은 투자자로서, 저평가된 영역에서 가장 매력적인 대상들에 분산투자한다는 근본 원칙에 약간을 더 가미했을 뿐인데, 저평가된 영역을 구하기 위한 대상 영역을 전 세계의 증권시장으로 확대했을 뿐입니다. 존 템플턴이 투자대가인 것은 전 세계의 투자시장을 활보했기 때문이 아니라, 확실한 투자체계를 익히고 산업과 기업을 대략적으로 익혀나간 후, 플러스알파로 수학과 확률이라는 자신만의 강점을 바탕으로 관심영역을 전 세계로까지 넓혔기 때문입니다.

1939년에 미국의 각 증권거래소에서 1달러 이하로 거래되는 주식을 전부 100달러어치씩 총 1만 달러어치를 사들여 4년 동안 4만 달러로 불린 일화에서 시작하여, 1960년대 중반에는 PER이 16 이었던 미국시장보다 PER이 4에 불과한 일본시장에 대거 진출하여 큰 투자수익을 내기도 했으며, 1997년 말부터 한국시장에 투자해서 큰 수익을 내기도 했던 그의 필살기는, 남들과 달리 광범위한 관심영역에서 가장 단기전망이 좋지 않아 저평가된 섹터를 골라서 중장기적으로 투자하는 것입니다.

또 다른 예를 들어 말하자면, 마리오 가벨리의 경우는 큰 시각에서 추가적으로 촉매와 피인수합병 등 두 가지 필살기를 구사했습니다. 그 역시 주로 벤저민 그레이엄, 로저 머레이, 워런버핏 등으로부터 직, 간접적으로 배움과 영향을 받은 투자자로서, 투자체계를 가장 중심으로 하여 그 위에 업종과 기업지식을 누적시킨 후 추가적으로 자신만의 독자적인 필살기를 만들었는데, 그것은 촉매와 피인수합병 확률(기대치)

입니다.

강의 등에서 다루는 전체 내용 중 일부만 소개하자면, 그는 규제 기준의 변화나 한 산업 내의 합병, 기업의 구조조정과 경영진의 교체 등 촉매를 활용하여 중기적인 타율, 즉 투자성공률을 높였습니다. 다음으로 그는 순수하게 그가 창조한 새로운 개념은 아니지만, 사적시장가치(private market value)라는 개념을 나름대로 정리하여 상장사가 비공개기업이라고 가정하고, 당기순이익 대신 나름대로의 기준에 따라 손익항목 중 일부는 더하고 일부는 빼는 식으로, 자유현금흐름이라는 항목을 따로 계산해서 가치평가를 했습니다.

이러한 방식은 자본총계의 일부 지분만 소유한 소수주주(개인투자자, 펀드, 법인 등 주체무관)가 아니라 해당기업을 인수하려고 하는 인수합병주체 측면에서의 투자매력도를 구하는 방법으로, 인수대상으로 가장 적격인 회사를 찾아내는 것을 두 번째 필살기로 갖추었습니다.

한 가지만 간단한 예를 더 들면, 랄프 웬저가 투자체계와 투자지식을 갖춘 후 자신의 필살기로 추가한 것은, 중장기적 트렌드에 수혜를 입을 중소형주에 특화한 것입니다. 중장기적인 소비트렌드, 인구구조 트렌드, 산업이나 기술트렌드의 변화에 따라 실질적인 이익증가 혹은 비용감소가 기대되는 업종 내에서 가장 큰 수혜를 입을 것으로 추정되는 중소형 기업에 투자하는 것을 강점으로 삼았던 것이지요.

대한민국 500만 개인투자자들 역시 정통한 가치투자체계를 배워서 익히고, 개인적으로 관심이 가는 업종들과 업종 내 기업들에 대해 하나씩 조사해 나간다면, 현명하게 성공하는 투자자로 확실히 거듭날 것입니다. 향후 여력이 되어 자신만의 주력 영역, 특정한 스타일까지 구축하는 것은 덤으로 생각하면 됩니다.

CHPATER 2

싱귤래리티 투자자의
가치투자 4.0

VALUE INVESTMENT

:: 독자들께

독서인구는 줄어드는 가운데 독서요구량은 증가하는 이율배반적인 21세기에 있어서 한 명 한 명 독자의 위치는 과거보다 높아졌습니다.

독자는 21세기의 신지성이라고 볼 수 있으며, 정보가 부가가치가 되고 능력이 되고 권력이 되는 사회에서 독자들 중 일부는 신 정보중산층, 그 중 다시 극히 일부는 신 정보귀족이 될 후보 집단들이라 할 수 있습니다.

존경하는 모든 독자들께 한 가지만 요청 드립니다.

두 번째 챕터는 머릿속에 디즈니의 플라이휠, 아마존의 플라이휠,

버크셔 해시웨이가 태동할 때의 장기계획같은 로드맵을 품고 있는, 작은 가치투자업계에서는 어느 정도 낭중지추에 공인이라고도 볼 수 있지만, 금융계 전체에서는 아직 알려지지 않은, 한 명의 천재가 독자들께 드리는 현실적인 제안과 포부를 담고 있습니다.

그런 연유로 2부는 독자이자 투자자인 여러분과 나를 위한 제안을 가감 없이 진솔하게 해야하다보니, 저술할 당시 지극한 몰입을 위해서 수평적인 내적 사고를 했습니다. 그러다보니 위아래가 없는 서양식 어투, 독백조의 평어체입니다.

일반적인 저자가 번지르르하게 포장하고 갈고닦은 말이 아니라 몰입적인 내적 성찰을 통한 솔직한 속내를 들을 수 있는 유일한 방식임을 양해해주셨으면 하고 바랍니다.

1. 첫마디

나는 수십만 부씩 팔리는 상업작가도, 거창한 금융기관의 유명인사도, 이슈를 부르는 주식장사꾼도 아니다.

허나 재미는 없어도 배울 것이 많은 내 책들을 읽은 만 명의 독자들과 천 명의 수강생들이 아주 높은 신뢰를 보이는 주식가치평가 및 투자전문가이다.

이렇게 이야기를 시작하고 싶다.

자신을 잘 알고 실력을 믿는 사람들로 투자조합 1호에서 7호까지 설립하여 좋은 실적을 내고 있던 워런버핏은 당시 미국 전체에서는 완전히 무명이었지만, 서서히 전국 수준의 영향력과 투자실적을 갖게 된다.

가치투자 전문가로서 지난 십수 년간의 가치투자성과와 투자리서치 법인 대표로서 저술, 강의를 바탕으로 이후 새로이 40명 주주의 1호 투자법인과 30명 주주의 2호 투자법인을 성공적으로 키워온, 그리고 3호 투자법인까지를 시드법인으로 하여 주주들과 함께 글로벌 수준으로 퀀텀점프를 하려는 나의 상황도 마찬가지다.

계산은 이제 끝났다. 신중한 파죽지세가 시삭되었다. 어떤 개념을 빌려 말하자면 지금 나는 가치투자자로서 싱귤래리티에 근접해 있다.

그렇다.

나는 지금 아시아 전체에 걸쳐서 21세기 최고의 투자가, 미래 최대 투자법인의 태동, 류종현의 이야기를 하려는 것이다.

(한편 지금 내가 오프라인 강의를 하지 않는 것과 마찬가지로, 이 책이 아마도 내 마지막 책이 될 것이다. 버핏이 7호 투자조합까지 조성한 후 강의를 할 필요가 없어졌을 때 강의를 하지 않았고, 필립 피셔가 운용가로서 충분한 자금을 운용하게 되었을 때 더 이상 책을 쓰지 않았듯이, 나 역시 나를 알려야 할 필요가 존재하지 않게 되면 오히려 드러내지 않고 힘을 기르는 쪽으로 돌아설 것이다. 우스갯소리지만 이번이 마지막으로 나를 만날 수 있는 셀프소개, 직접 저술 기회이다.)

평생 겸손하게 살았고, 자기 얘기를 한다는 것이 얼마나 우스꽝스러운지 충분히 안다.

하지만 손정의는 20대 때부터 거래처 관계자를 만날 때마다 자신을 천재라고 소개했고, 상대방이 자신에 대해서 거만하지만 천재일 수 있겠다는 선입견을 갖게 했다.

세계 제일의 투자자가 되어 여러분과 큰 꿈을 이루어내려는 마당에 우스꽝스러운 게 대수인가.

나는 배포가 작고 부끄럼이 많은 사람이 아닐 뿐더러, 이 책은 대부분의 일반투자자들과 개인자산가들이나 법인투자자금을 좌우하는 오너 및 투자책임자들을 위한 책으로, 결코 노하우를 배우고자 하는 금융가 커리어맨을 위한 책은 아니다.

이 챕터는 어떤 사람의 자랑이 아니라, 어느 싱귤래리티에 접근하고 있는 투자자의 객관적인 자기소개이자 독자들에 대한 공동이익의 제안이며, 가치투자에 있어서 현재까지 가장 복합적이고 높은 단계인 가치투자 4.0 버전에 대한 출사표이다. 독자들께서 예비주주로서 동행할 공동주주이자 대표운용자인 바로 내가 천재투자가인가 아닌가를 판단하게 하기 위한 책이다.

그러므로 이 챕터는 아이러니컬하게도 독자들이자 예비주주들인 바로 당신들을 위한, 당신들에게 최고의 부가가치를 주기 위한 내용이다. 책을 다 읽고 나면 이해하게 될 것이고, 독자별로 나름의 판단을 하게 될 것이다.

그것이면 족하다.
나는 자신 있다.
아시아에서 가장.

P.S. 1부인 가치투자 2.0 완벽가이드는, 기존의 스테디셀러였던 대한민국 주식투자 완벽가이드의 개정판이며, 지금 와서 필요 없는 소주제들은 일부 삭제하여 어느 정도는 미니멀리즘을 따랐다고 볼 수 있다.

2부의 내용이 약 60페이지, 1부가 약 160페이지 정도이므로 양적으로는 기존의 완벽가이드의 개정증보판이라고 할 수 있겠지만, 질적으로는 완전히 새로운 책이며 양적 비율과는 달리 이 책의 코어 내용과 가치의 정수 90%는 챕터 투, 바로 싱귤래리티 투자자의 가치투자 4.0에 있음을 밝힌다.

2. 가치투자 4.0 이란

가치투자 1.0 버전은 벤저민 그레이엄의 가치투자 시스템을 따르는 것으로, 기업가치 대비 주가가 얼마나 싼가 그 자체가 가장 중심에 서는 가치투자 버전이다.

반영구적 계속기업으로 기업 자체가 얼마나 수익성이 좋으며 얼마나 성장할 것이고, 해당 산업계의 지분을 얼마나 차지할 것인가는 상대적으로 덜 중요하며, 상대적으로 비우량한 종목일지라도 시가총액보다 기업이 빠른 시일 내에 유동화 할 수 있는 각종 순자산의 총액이 더

클 경우 투자하는 편이다.

그러므로 가치투자 1.0 버전에서는 한 번 수익을 낸 후 대체로 종목을 교체하는 경향이 짙다.

이 방식이 과거 일정 기간 동안 대세로 통했던 이유는, 최초의 합리적이고 계량적인 가치투자 체계로써 당시에는 대안이 없었으며, 대공황 시기 및 그 이후 일정기간 동안 기업이 망하는 비율이 매우 높았기 **때문이다.** (하지만 계량적인 가치투자는 알고리즘 기반의 자동매매에 쉽게 복제 및 잠식당한다.)

가치투자 2.0 버전을 설명하자면, 버핏이 그레이엄의 교육에 바탕을 두고 초기 투자경험을 쌓아나갔지만, 자금이 커져가고 투자방법론의 업그레이드를 거치면서 버핏이 가장 정통한 가치투자 2.0 버전을 확립했다고 나는 판단한다.

즉 필립피셔와 찰리멍거 등에 의해 큰 영향을 받아서, 앞으로도 지속가능한 이익을 창출할 수 있는 비즈니스 구조와(이러한 예외적인 비즈니스 구조들을 그는 경제적해자라는 개념으로 설명함) 실제 역사적으로 좋은 이익률을 보여준 기업이라면 적정한 가치, 혹은 조금은 더 높은 가치로 매수할 수 있는 방식이다.

가치투자 2.0 버전 시스템 하에서 주로 투자하는 이러한 기업들은 비교적 오래 보유히면서 복리투자수익을 낼 수 있게 해준다.

가치투자 3.0 버전은 2010년대 중후반에 태동하여 2021년 말 현재까지 상당히 이슈 및 대세화 되어가고 있다고 내가 생각하는 시스템이다.

예를 들면 현재에서 미래를 잇는 기술로드맵에 따른 미래기술장악가치에 기반하여 상장사에 투자하는 미국 아크인베스트먼트의 캐시우드, 비상장사에 주로 투자하는 소프트뱅크 그룹의 손정의 등을 이 범주에 넣고자 하는데, 이들은 사실 전통적인 가치투자와는 조금 다르다.

하지만, 초기 가치투자자들 중 한 명인 필립 피셔가 당시 기술주에 해당했던 전기전자, 반도체, 화학기업들에 투자했던 방식과 밸류에이션 역시 이들과 크게 다르지 않고, 좀 더 최근으로 오면 기술주 위주로 투자하면서도 본인을 가치투자자로 인식했던 빌 밀러도 있는 만큼, 아직 이들의 투자방식과 체계가 시장에서 어떻게 최종적으로 받아들여질지 정립되지는 않았지만(정립되는 중이라고 생각한다.), 차트 등의 기술적분석을 하지 않으며, 시장흐름을 역이용하는 소로스 방식의 파생, 헷징 등을 별로 하지 않는다는 점에서 일단 가치투자 3.0 버전으로 구분했다.

가치투자 3.0 버전이 좀 억지스럽더라도 양해를 구하는 바이다. 왜냐하면 가치투자 4.0 버전에 대한 말을 꺼내기 위해서 3.0 버전 카테고리를 구분해야만 했기 때문이다. 하지만 사실 가치투자 3.0 버전에 넣을 만한 투자자나 투자기업들(투자법인이든, 일반 영업법인이 투자를 하든)은 꽤 많이 있다.

아크인베스트, 소프트뱅크 그룹 외에도 내스퍼스, 제벤베르겐 캐피털, 베일리기포드 등이 이에 속한다 하겠다. 분명히 가치투자 2.0 버전의 버크셔와는 매우 다르며, 또한 가치투자의 넓은 범주에 넣을 수 있고 더불어 서로 조금씩 다르지만 하나의 부류로 묶기에 보다 광범위한 동질성은 갖고 있다.

그런데 사실.

직설적으로 말하면.

지난 2년간의 검토 결과 중기적인 관점에서는 물론이고 장기적인 관점에서도, 그리고 기술이나 산업적 관점은 물론이고 글로벌 전체적 관점에서도(글로벌 시장 전체를 보면 미국은 일부일 뿐) 위 모든 가치투자 버전 3.0 범주에 드는 운용가나 전문투자법인의 포트폴리오 내역 및 그 편입 배경의 아이디어와 통찰력보다, ㈜오마하류글로벌스노볼리서치, ㈜오마하류스노볼밸류 등 내가 70여명의 주주와 함께 공동주주로서 과거의 버핏처럼 내가 단독으로 운용하고 있는 두 법인의 포트폴리오 내역 및 그 편입 배경의 아이디어와 통찰력이 더 우월하다.

단순히 수익률 측면만 말하는 것이 아니라, 기술 뒤의 실제 미래산업들과 산업 내 주력기업들의 역학관계로 누가 밀리고 누가 밀어낼 것인가, 그리고 그 뒤에 있는 최종수요자들인 인간들, 즉 선진국과 중진국, 개발도상국 등의 십수 년 시간 차이는 있지만, 일견 다양하면서도 대체로 광범위한 기준에서 공통 방향으로 흐르는 인간 욕구와 니즈의 장기트렌드 및 그것이 유발할 제품과 서비스의 장기 미래 흐름, 그리고 미국, 유럽, 아시아 주요 국가 등 섹터 별로 조금씩 다른 국가와 국민들의 규제 방향 및 정책으로 인한 리스크 및 기회 등을 고려하는 점에서 그렇게(더 우월하다고) 말한 것이다.

한 가지만 맛보기로 언급하자면, 미국 자본 및 일부 유럽 자본의 맹점은 매우 명확하게 대륙 속에 파묻혀 있다. 글로벌 전체 시장은 개발도상국의 인구와 그 경제성장률, 특히 중국 외에도 동남아시아 연합 전체와 인도를 잇는 그야말로 범 아시아, 중동 지역 전체와 그 외 글로벌로 퍼진 무슬림 시장의 확장 및 북아프리카로 연결된 경제지도 등을 감안하여, 그야말로 세계 전체를 보았을 때 굵직한 것들을 함께 고려해야 하지만, 성숙하고도 성장하고 있는 거대한 미국시장에 사로잡혀서, 미국 자본과 일부 유럽 자본들은 미국 내수를 장악한 기업들에 눈이 멀었다. (버핏을, 제벤베르겐을, 캐시우드 등을 말하는 것이다.)

그들이 못 보는 지구적인 시야와 분석 프레임을 가진 것이, 바로 지금 이 순간 글로벌 전체에서 가치투자 4.0 버전을 내가 유일하게 시작할 수 있는 첫 번째 절대무기이다.

유럽과 미국 투자전문가들을 나와 비교해서 이야기했지만 대륙에 갇힌 중국이나, 인재들의 소프트웨어가 이제 훌륭하게 발아하고 있는 한국 및 대만, 홍콩, 싱가포르, 그리고 뒤늦게 발아 대열에 참여하고자 기지개를 켜고 있는 일본에서도 나를 대체하는 가치투자 4.0 버전의 투자자는 없을 것이며, 그것은 차차 이후로 이야기할 것이다. 인도는 조금 다른 이야기이다.

하지만 지금 초장기적으로 내가 판단했을 때, 나는 지금 가치투자자로서 점차 싱귤래리티에 가까워지고 있으며, 다른 누구와 다른 어떤 투자기관과 우열을 가리기 위해서 자신의 고유한 강점들과 누적적이고 압도적으로 쌓아온 투자통찰력의 가속적 발전, 진화방향에 변화를 줄 이유는 없어보인다. 그 단계는 지났다. (왜 없을 것인가가 주제가 아니다. 그 누가 나와도 왜 내가 범 아시아 넘버원이 될 것인가에 대한 것이 주제이다.)

두 번째는 각 산업 별로 주요 승자들을 미리 판단할 수 있다는 것이 가치투자 4.0 버전을 배타적으로 오직 내가 시작할 수 있는 두 번째 절대무기이다.

미리 판단한다는 것은, 그 과정은 무수한 통찰의 과정이지만(니체나 카뮈, 사르트르 등 철학자들이 이따금 언급하는 표현을 빌리자면 나는 사고의 왕이다.), 결과적으로는 타임머신을 타고 미래에 가서 본 것처럼 가장 현실적으로 결과를 미리 판단한다는 것을 말한다.

다시 말하지만 실제로 미리 가서 보는 것이 아니라, 그 정도로 판단을 깊고 정확하게 하기 위해서, 가장 우수한 사고능력과 지식체계 그리고 의사결정과정을 가진 투자자보다 몇 단계는 더 나아간, 구글 식으로 말하자면 10배 이상 뛰어난 문샷 사고를(창의성이 아니라 종합적 통찰의 의미로, 정보 기반 통찰논리력이라고 해도 좋다.) 하고자 하고, 또 한다는 말이다.

(조금 거대한 이야기를 하고 있는 것 같은데, 이번 챕터의 주제 한 꼭지, 두 꼭지, 세 꼭지를 읽어나가시다보면 쉽게 이해되실 것이다.)

가치투자 4.0 버전은 사실 필자, 즉 류종현이라는 아시아의 천재 투자자가 가장 먼저 깃발을 꽂고 또 해당 영역에서의 입지를 압도적으로 빠르게 키움으로써, 다른 글로벌 투자현자들과 선도적 글로벌 투자기업들이 충분한 위화감을 갖고 쳐다볼 때 즈음에는, 따라올 수 없는 질량과 속도 등으로 더욱 공고한 가속적 진화기반을 다질 가치투자 체제이다.

일종의 싱귤래리티(특이점)를 지나는 최초의 가치투자 버전인 셈인데, 그 중심에 내가 있고, 그 중심에 나와 오마하류 투자그룹 이사들 및 내게 투자한 주주들과, 내게 투자할 예비주주들과, 추후 나와 손을 잡을 글로벌 자본이 있다.

가치투자 4.0 버전은,

1.0 버전 전체를 품고 비싸게 매수하지 않는 것을 받아들이고(하지만 조금은 비싸게 살 수도 있다.), 2.0 버전 시스템 역시 온전히 품고 수익성이 좋고 지속될 기업에 오래 투자하되, 3.0 버전 전체의 강점 즉 미래 산업과 기술에 기반해서 현재 매출이 지속적으로 증가할 기업에 투자하는 것을 받아들이는데, 4.0 버전이 되면서 3.0 버전과 다른 것은 바로 예상하지 않는다는 것이다.

가치투자 3.0 버전은 예상한다.

가치투자 4.0 버전은 예상하지 않는다.

가치투자 4.0 버전은 기술과 산업만 보는 것이 아니라, 글로벌과 인간이라는 실제 수요의 트렌드와 역학관계까지 통합적으로 사고하며, 그러므로 예상하지 않는다.

류종현이 생각하는, 류종현이 목표하는, 류종현이 접근 중인 가치투자 4.0 버전은 미래를 예상하지 않는다.

미래의 현실을 정확히 미리 통찰하고 그 내용을(과정과 결과를) 공개하지 않는다.

그렇기 위해서는 세계 제일의 사고, 인간 사고 능력의 한계치까지 접근해야 한다. 그리고 나는 거기에 다가가고자 한다. 류종현이 어떤 사람이고 왜 그럴 수 있고 왜 그러고자 하는지는 본 챕터의 나머지 내용을 참고하면 독자들 나름대로 판단이 설 것이다.

3. 돌아가는 사색의 시간

내가 풀어가는 이야기는 벅찰 수도 있고 노도처럼 쏟아지는 내용일 수도 있다. 잠깐 다른 방향으로 분위기를 틀어 본다.

잡스의 말이다.

"세상을 바꿀 수 있다고 믿을 만큼 미친 사람들이, 결국 세상을 바꾸는 사람들이다.

단순해지기 위해서는 생각을 정리해야 하고 그 경지에 이르면 산도 옮길 수 있다.

위대한 일을 할 수 있는 유일한 길은 여러분이 하는 일을 사랑하는 것이다."

앞서 말했듯이 나는 사고의 왕이다.

내 초중학교 시절의 학생기록부 단골멘트는 두뇌가 특출남, 산만함 두 가지이다.

어린 시절 내 욕구는 대체로 부친에 의해서 강압적으로 억눌렸고, 고도화된 현재의 내 판단으로는 행복하지 않았던 탓에 산만했던 것으로 결론이 선다. 공부를 많이 하지는 않았지만 기본적인 자존심 때문에 항상 서울대 진학을 하고도 남을 성적을 유지했다. 물론 서울대 입학을 계기로 분가하여 신체와 일상이 완전히 독립한 이후, 정신과 두뇌, 마음까지 고도로 몰입되고 확장되기 시작했고 그 때부터 초기 성장의 빅뱅이 시작되었다고 볼 수 있다.

한편, 매년 30명 정도를 서울대에 입학시켰던 대구광역시 1위 명문 사립고등학교인 경신고등학교(나는 16기임) 1학년 입학과 동시에 교내 수학경시대회 16년 역사상(학교 설립 이래) 최초 만점으로 1등을 했으며 (이 때문에 수학선생님께서 1학년 및 2학년 내내 수학숙제를 하지 않아도 눈감아주기도 했다.), 고2 수학 교과과정을 고1 겨울방학 때 수학의 정석 교재를 통해 독학으로 일주일 만에 예습 완료했으며, 군입대 전 기준으로 실존철학가 및 실용주의자인 동시에 등단시인이며(4대 문학지 기준 군복무시절 등단), 군입대 후 한국주식가치평가원 설립 전 기준으로 서울대 동양사학 전공과 별도로 경영대 전공수업에 심취했다.

이후 오리온 그룹 본사 회장실 아래 층에서 브랜드매니저로 마케터 DNA를 더하고, 서울시정개발연구원(공기업) 연구원 시절에 기술 및 사업화 가치 평가전문 실무자로 외연을 넓히고, 당시 산자부 산하 KPC에서 발급한 기업가치평가사를 해당 기수의 수석으로(점수로는 10년 내 최고점수, 김종일 자격증 주임교수 평가 및 추천사) 획득한 주식의 가치평가 전문가이다.

한국주식가치평가원을 세운 후 가치투자 스테디셀러 서적을 10권 가량 저술했으며, 가치투자 강의를 수십 명 단위로 6년간 천 명 이하에게 교육하고, 자본금은 적었지만 2006년부터 2017년 하반기까지 연평균 수익률 25% 가량을 내면서, 2015년 이후 젊은 나이에 양평으로 반퇴를 하고 전원주택을 지어 넓은 마당을 만끽하고 있다.

이후 2016년까지 글로벌 산업의 큰 변동을 느끼며(100년 만의, 수십 년 파급력을 가지는) 2017년 가을 시장급등기에 한국주식을 전부 매도하고, 4차산업혁명을 공부하면서 2019년 상반기에 고려대 경영대학원 최고경영자과정을 수료했다.(4차산업 위주의 주제였으며, 관련 주제의 폭넓은 공부와 강의진과의 사적 대화를 하기 위한 목적으로)

교육이 끝난 직후 투자법인설명회를 열고 2019년 11월에 1호 투자법인을 세우고, 2020년 22.2% 수익률, 2021년 22.8% 수익률을 기록하고 있다. 2021년 3월에 2호 투자법인을 세웠으며, 1호 법인과 똑같은 포트폴리오로 운용 중이고, 3호 법인 설립을 코앞에 두고 있다.

(이 책은 3호 법인 설립을 위해서 예비주주들인 대한민국 개인투자자들, 자산가들, 법인 오너들에게 필요한 이야기를 들려주기 위한 목적이다.)

나는 사고의 왕이다.

잡스가 말한 위대한 일을 할 수 있는 유일한 길인, 내가 하는 사고하는 일을 사랑한다. 일론 머스크는 일에 지독하게 집중해서 공장에서 잘 때가 많다지만, 나는 집에서 읽고 사고하고, 호텔 로비에서 카페에서 읽고 사고하고, 휴양지에서 읽고 사고하고, 사무실(나는 사무실이 여러 개 있다. 물리적인 개념은 내게 없다.)뿐 아니라 내 집 마당에서 서점에서, 그리고 다른 사람과의 세미나에서 신기술 박람회에서, 그리고 다른 어떤 장소와 시간에서든, 읽거나 사고하거나 관찰한다.

물론 엄청나게 여유로운 시간개념을 지니면서 훌쩍 떠나기도 하며, 길게 떠나면 한 달을 떠나기도 한다. 하지만 그 한 달간 읽을거리를 가져가거나 배송을 시키거나, 그 한 달간 쉬면서도 또 다른 차원의 사고를 한다.

나는 정말로 지독한 사고의 왕이다.

느슨한 사고, 아주 활발한 사고, 확장적인 사고, 돋보기로 태양빛을 태울 정도로 집약적이고 날카로운 사고, 다른 사고들의 충돌과 결합, 가장 핵심 사고만 남긴 미니멀리즘 철학적 사고 등.

바로 내가 사고의 개념이자 정의이다.

가외로, 왜 매일 같은 옷을 입는지에 대해 답한 저커버그의 말을 옮긴다.

"저는 최대한 단순하게 살려고 노력합니다. 가능한 한 다른 모든 의사결정을 최소화하고, 페이스북을 위한 일에만 집중하고 싶기 때문입니다."

좋은 이야기이다.
나는 자녀가 없고, 낳을 생각이 없다.
나는 술을 안 마시고, 담배는 원래 피지 않는다.

PC, 온라인, 모바일 게임을 하지 않으며, 상시 취미로 산책과 독서, 간헐적 취미로 영화와 수영을 즐기며, 골프도 가끔 즐기지만 빠지지 않는다. 잔디코스 산책 자체를 즐길 뿐, 그래서 기술적으로는 잘 못 치며, 골프 내기 따위는 하지 않는다.

쉽게 말해서 내게는 시간 블랙홀을 야기하는 일상생활 및 취미요인이 없다.

(자녀를 가진 사람들에 대해서 좋다 나쁘다 현명하다 그렇지 않다 논하기 위한 것도

아니고, 무자녀인 사람들에게 같은 의미로 논하기 위한 것도 아니다. 그저 여러분의, 나와 동행하는 그리고 동행할 예비주주들의 이해관계 입장에서 내 이야기를 하는 것일 뿐이다.)

나는 첫째로 사랑하는 부인에게 평생 집중하며, 둘째로 나와 주주들에게(즉 투자성과를 위한 투자분석과 사고력 증진 자체에) 집중하며, 셋째로 다른 가족들과 정말 좋은 친구들에(나와의 교감과 행복, 만족을 위해) 집중하며, 특별히 집중할 필요가 없는 마지막 대상들이 내게 투자하지 않아서 주주가 되지 못한 친척과 타인들이다.

친척이 안 중요한 것이 아니다. 사랑하는 부인에 이어서 두 번째로 중요한 나 자신 만큼, 류종현의 꿈과 함께 가는 주주들도 그만큼 중요하기 때문이다. 나와 꿈을 동행하는 주체가 주주들인데 어찌 그렇지 않은 친척들이 주주들과 같은 중요도를 점할 수 있겠는가. 결코 그럴 수가 없다.

그러므로 위와 같은 우선순위와 무자녀, 무음주 등 상황에 기반하여, 나는 저커버그 이상으로 나의 투자법인에 올인 할 수 있다.

다시 말하자면 주주들은 매우 이익이다. 왜냐하면 주주들의 이익과 나의 이익은 같은 배를 탔으며, 주주 전체를 하나의 집단으로 보면 나와 기하급수적으로 발전, 진화, 부유해지는 동행관계에 있기 때문이다.

가족이든 친척이든 친구이든 주주가 되면 두 번째 우선순위에 포함된다. 왜냐하면 두 번째 우선순위에는 나 자신, 그리고 나와 이해관계가 같은 주주들이 포함되기 때문이다.

국가에 장기적으로 이익인 것과 개인에게 장기적으로 이익인 것은 다르다. 여기서 말하는 개인의 이익은 낮은 수준의 이익이 아니라 삶이라는 무거운 주제에 있어서 충분히 언급할 만한 깊고 높은 수준의 이익 개념을(금전 개념이 아니라 가치와 만족, 의미와 보람, 삶의 깊이와 삶의 길이 등 최고 수준 단계에서의 이익) 말하는 것이다. 또한 여기서 말하는 이익은 개인의 인생철학과 비전 등을 감안하여 가장 높은 레벨의 가치로부터 가치 순위 선정 시, 가장 우선한 개념으로써 광범위한 이익을 말한 것이며, 개인 별로 해당 개념의 이익 범위와 방향은 다를 수 있다.

나는 고등학교 3학년부터 서울대학교 2학년에 이르는 기간까지(군입대 이전까지), 50대 후반이 되어서 은퇴한 후 허망함에 빠지는 일반적인 엘리트의 전철을 밟지 않기 위해서 인생의 가치와 우선순위를 미리 사색 및 통찰했으며, 이 과정에서 나는 자유주의적인 인생관에 영향을 주는 여러 문학, 철학사조 중 실존주의 철학과 실존주의 문학의 영향을 받아 상당 부분 실존주의자가 되었고, 이후 인생의 가치와 비전은 흔들림 없이 40대 중반인 지금까지 오고 있다. (물론 미국식 실용주의자이기도 하며 실용주의 철학도 부분 받아들였고, 자유와 평등 중에는 자유를 우선시하는 자유기반 자본주의자로, 순수한 부가가치 기반 주식투자자가 되기 위한 요소들을 다 갖추었다.)

실존주의자가 되었을 당시 인생관에는 이미 미래 부인과 평생 동안의 사랑이 최우선순위가 되었고, 자녀는 계획 내에 없었다. 아니 애초에 제외시켰다. 그리고 이런 추세는 글로벌 기사와 칼럼, 소셜네트워크 등을 관찰한 바에 따르면, 최근에 가까워질수록 유럽과 미국 등 밀레니얼 세대와 Z 세대를 거치면서 다소 두드러지게 부상하는 중이다. 선진국의 딩크 추세나 파이어족 트렌드 등이 부분적으로 지금에 와서야 깨닫고 있는 것들을 일찍이 1990년대에 고교시절부터 대학초년생까지 미리 깨닫고 추세를 앞서 탔다고나 할까.

단순히 돈 문제 따위가 아니라(나는 그런대로 꽤 버는 사람인 반면에, 기본 씀씀이는 적은 사람이다. 돈 문제가 있겠는가), 사랑하는 사람에게 더 많은 에너지와 시간, 감정과 온갖 자원들(인생을 구성하는)을 집중하고 그 외 모든 잉여 자원을 인생의 발전과 지속과 수명연장을 위해 사용하기 위해서, 10대 후반부터 어렴풋이 계획해 오고 스물두 살까지 그것을 확립한 것이다.

독자들과 예비주주들을 위해 이 정도 설명으로 마무리한다. 인간본

능, 관습과 사회제도, 구습과 신세대의 충돌, 전체주의와 이기주의 따위의 개념으로까지 확장하기 위한 공간이 아니다.

이 챕터의 공간은 가치투자 4.0 버전에 출사표를 던지며 누적적으로 매우 거대한 자산확대의 세계로 독자들 중 일부와 함께 가기 위한 것이기 때문이다.

사고의 왕인 한 가치투자자가, 가장 중요한 과업에 집중하기 위해서 나머지 모든 것들을 단순화하고자 한다는, 심플하고도 명석한 이야기를 길게 늘어 써버렸다.

결론적으로, 위 모든 내용들은 나와 투자자인 주주들을 위한 최고의 선택이 되며, 나는 장차 당신들과 나를 위해 아시아 역사상 최고의 투자가가 될 것이며, 장기적으로 글로벌 최고의 투자법인으로 설립 및 키워나갈 것이다.

4. 허브와 통합

나 류종현은 나와 주주들을 위해서 글로벌에서 유일한 가치투자 4.0 운용체계와 자본투자의 허브 역할을 할 것이다.

가치투자 4.0 이 개념은 최초로 내가 정립한 나의 것이며, 타 글로벌 주체를 멀리 따돌리고 가속적 체계를 정립할 것이며, 지키면서 확장하는 복합전략을 펼쳐 나갈 것이다.

나는 20세기에 버크셔 주주들이 연례보고서에 만족하고 행복해했듯이, 21세기 내내 나의 주주들에게 동행자로서 류종현 대표 및 공동투자법인의 가속적 진화 및 수성전략, 확장전략의 흐르는 듯한 성장과 진폭을 엿보여줄 것이다.

그러기 위해서 나는 내 인생에서 가장 가치있는 존재들과 가장 주력해야 할 요소들, 그리고 사랑하는 모든 것들을 점차 하나로 통합시켜 나갈 것이다.

새로운 중장기 라이프스타일이 나올 때마다, 새로운 산업적 혁신 변화가 일어날 때마다, 더욱 효율적이고 더욱 효과적인 요소들을 일상 속으로 들이고 시간과 에너지를 아끼면서 모든 시간과 에너지 투입의 방향을 일원화(통합)해 나갈 것이며, 그 과정을 통해서 올바른 방향으로 누적되는 업적의 질량과 속도를 올려 나갈 것이다.

단순하고 뛰어난 삶과 업무의 통합과정을 통해서, 나와 주주들의 투자법인의 레벨상승속도를 때로는 산술급수적으로, 때로는 기하급수적으로, 때로는 단절적으로 올려나갈 것이다. 어떤 시기에 어떤 기회가 오는지 어떤 리스크가 오는지에 따라서 속도의 증감만 있을 뿐, 전체적인 흐름으로는 가속적으로 진화해나가고자 한다.

그 과정에서(이건 처음 이야기를 꺼내는 것 같은데), 가치투자 4.0 버전에 있어서 나와 함께할 멍거이자 필립피셔, 캐시우드이자 조지 소로스 역할 등 필요한 역할을 본인의 역량에 맞게 쌓아나갈 두세 명의 투자지혜 풀(POOL) 이사들을 육성하고 또 함께 성장해나가고 또 서로 건설적으로 의지해 나갈 것이다.

참고로, 한 팀으로서 세계 제일의 투자구루 길드로 자리매김할 이사들은 이미 정해져 있으며, 1호 투자법인과 2호 투자법인의 임원으로 임명된 상태이다. 그들의 잠재적 거대한 그릇과 오래도록 불타는 발전의 열정을 믿는다. 이 지면을 통해서 나와 함께 뜻을 키워가기로 한 이사들에게 감사하며, 각 영역 최고의 엘리트들인 만큼 그들의 각각 서로 다른 넘치는 재능에 조금이나마 내가 지혜와 통찰력을 더욱 보태고 채워줄 수 있도록 최선을 다할 것이다.

통합된 팀으로서 우리들은(나와 이사들) 가치투자 4.0 버전을 대표하는 글로벌 선도자들이 되고, 더불어 점진적으로 세계의 와이즈머니가 흐르는 자본투자의 허브가 될 것이다.

5. 그 끝은 창대하리라, 참여 제안

앞서 가치투자 4.0 버전을 구사하는 유일한 싱귤래리티 가치투자자가 바로 나 류종현이 될 것이라고 했다. 이는 굳이 한국이나 특정 지역에 한하는 것이 아니라 지구 전체가 될 것으로 목표를 잡고 있다.

그러면 독자들께서는 이 책의 어디에선가 가치투자 4.0 버전을 배울 수 있게 알려주거나 스스로 독학할 수 있도록 힌트를 주는 챕터가 있겠지, 하고 기대하실 수 있다.

죄송하지만 세계적으로 가치투자 2.0 버전을 설명하는 책은 많이 있어도(본 책의 1부가 바로 가치투자 2.0 버전 완벽가이드이기도 함), 가치투자 3.0을 설명, 교육하는 주체는 없으며, 4.0 버전은 더욱 없다.

왜냐하면 가치투자 3.0 버전은 지금 한창 돈을 벌고 있고 주목을 받고 있는 투자체계이기 때문이다. 그러한 투자체계를 남들보다 더 낫게 가지고 있으면 자신의 자본과 남의 자본을 합쳐서 더 빠른 성과를 내고 더 판을 키우는 쪽으로 나아가지, 그것을 공유하고 후학을 기를 이유는 어디에도 없다.

혹자는 무지한 나머지 좋은 투자법을 알고 있으면 왜 남의 돈을 운용하느냐고 하는데, 버핏도 남의 돈으로 운용을 시작했다.

버핏이 아니라 설사 투자의 신이라고 할지라도(버핏은 투자의 신이 아니라는 뜻이기도 하다.) 시드머니가 큰 쪽이 빨리 성장하기에 유리하기 때문에 시드머니를 다수의 자본으로 판을 키우고, 본인과 투자자들이 함께 같이 자본을 키워나가는 편이 서로에게 더 큰 상호이익이 된다.

본론으로 돌아가서, 가치투자 4.0 버전은 더더욱 기존 글로벌 플레이어보다 내가 우위에 있는 부분이기 때문에, 충분한 시드머니와 충분한 성장을 이루기 전까지는 본색 자체를 드러낼 수 없다.

사실 2011년도부터 가치투자교육을 해 왔지만(2016년도까지, 이후는 온라인 녹화강좌만 판매 중) 내가 진행하는 가치투자교육이 대한민국에서 가장 퀄러티가 좋았고, 가치 수백만 원임에도 백만 원가량에 진행하는 20시간 이내의 수업에 시간이 지날수록 사오십 명씩 만석으로 정원이 찼고, 수료생들은 개인투자자로서 수익률을 상승시키거나, 운용역으로서 더 큰 자문사나 운용사로 이직을 하거나(이 과정에서 추천사를 써주기도 했다.), 내게 말은 안 했지만 투자비즈니스 내에서 이런저런 시도를 했을 것으로 안다.

대한민국에 둘도 없는 좋은 커리큘럼이었지만(같은 내용을 녹화동영상으로 판매하고 있는 현재에도 역시 제일 좋은 커리큘럼이다.) 그 당시 교육했던 내 수업내용은 내가 알고 적용하고 있던 투자체계 전체 노하우의 20% 정도였다. 즉 알고 분석평가하는 노하우의 20%만 공개강의 했음에도 그 내용에 대한 평이 매우 좋았던 것이다.

그런데 2017년 말 한국 증시가 최대치를 기록하기 한 달여 전 종합주가지수가 2500을 좀 넘었을 때 나는 대한민국 주식을 한 주도 남기지 않고 모두 팔았는데, 기본적으로 아주 고평가가 아닌 경우 대체로 주식비중을 100% 가져가던 나의 투자철학 및 전략상 이런 경우는 2007년, 2011년, 2015년 등 그 때 당시에는 상당했다고 판단되는 다양한 시장하락 중 2007년도 말과 2017년도 말 딱 두 번 뿐이었다.

2007년도 말에는 항상 했던 투자교육과 몇몇 책저술 내용을 통해 밝힌 바 있지만 기본적으로 우리나라의 코스피 PBR이 1.6을 넘어서는 시장 고평가 수준을 보였기 때문에 내려갈 것이 뻔해서(그것이 언제일지를 알 수 없다는 점이 문제이지만) 종합주가지수 1900에 도달하면서 모두 매도했었지만, 2017년도 말에는 그 정도로 고평가가 아니었고, 사실상 장기 펀더멘털 투자자라면 계속 보유하는 것이 더 나은 방법론이었다.

(시간이 지나고 보니, 이 역시 나의 무의식적 통찰의 발현으로 대한민국의 주력산업 자체가 세계의 첨단주력산업으로부터 서서히 밀려나고 있다는 것을 아주 심각하게 받아들이고 있었다는 것을, 다시 알게 되었다. 의식보다 무의식은 훨씬 복잡한 사고를 하며, 직관이란 한 사람이 누적적으로 쌓은 거대한 지성이 의식보다는 수십 배 속도로 사고한, 설명하기 어렵지만 상당히 포괄적이고 종합적인 결론인 셈이다.)

그 당시 2017년 가을 10월에서 11월 사이에 그야말로 10년 만에 대한민국 주식을 모두 정리하게 되었는데, 그 첫째 이유는 4차산업의 파고가 미국을 넘어서 유럽의 심장부 독일을 거쳐서 일본 주력산업에게까지 영향을 미치고 있었던 당시에, 그 이전 십수 년과는 다른 글로벌 산업트렌드가 향후 십수 년간 벌어질 것을 직감했고, 그 트렌드의 수혜는 대한민국의 국경 밖에 있다고 판단했으며, 둘째 이유는 내 정치적 관점을 별로 공개할 생각은 없지만 성장보다 분배, 기업보다 민생을 강조한 정권이 들어서면서, 법인세 인상과 직원 인건비 인상이 동시에 이루어진다면 첫째 이유와 더불어서 한국 주식을 정리할 강력한 동력이 된다고 판단했다.

세 번째 이유는 어느 정도는 고평가된 상태이기도 했기 때문이다. 사실 전부 매도가 아니라 부분매도할 만할 정도로 고평가로 갓 접어들기는 했다.

하지만 어디까지나 첫째 이유와 둘째 이유가 존재하지 않았다면, 팔 이유가 없는 상황이었다.

결국 나의 지나간 역사, 그리고 내 판단은 2017년 가을 말까지 한국 주식을 모두 매도하는 것을 택했고 모두 매도했다.

2017년 말의 내 투자지식체계 수준을 이야기하면서 2017년 말의 매도결정을 말하지 않을 수는 없어서 이야기 흐름을 잠깐 돌렸었지만, 본론으로 돌아와서 2017년 말의 내 투자지식체계 수준은, 2011년 나의 가치투자 체계수준의 10배 가까이 고도화하고 성장했었다.

그리고 2018년에서 2019년 동안 향후 수십 년을 주도할 세계의 성장산업 및 주력기업들과, 마찬가지로 오랜 기간 성장을 주도할 세계의 주요 성장지역들과 주력기업들을 철저히 공부하고 분석하고 지식과 지혜, 통찰력을 누적한 결과, 2020년 코로나로 인한 증시폭락 사태(3월 중순의 최저점) 당시에는 2017년 말의 내 투자지식체계 수준보다 또 서너 배 이상 업그레이드되어 있었다. 사실 이건 말로 표현하기 어려운데, 일종의 글로벌 투자전문집단 수장들의 수준으로 접근해가면서 나는 2019년 하반기부터 2021년 하반기 현재에 이르기까지 가치투자자로서 일종의 싱귤래리티에 접근 혹은 도달하고 있다.

(이 이후 글로벌 성장산업 기업들과 글로벌 성장지역 기업들에 100% 투자하고 있다. 해외의 투자분석가들보다 종합적이고 다층적으로 해외 종목들을 통찰하며, 손바닥 안에서 세계를 살펴볼 수 있도록 즐기면서 최선을 다하고 있다.)

2020년 3월 중순의 광풍 같은 하락이 있기 전 투자법인 1호의 투자자금은 이미 전체 자본금의 55% 이상이 장기 최우선 해외 성장 종목들(산업 기준, 지역 기준 각각 별도로) 15개 전후에 투자되어 있었지만, 3월 중순까지 세계적인 글로벌 수장들만큼이나 많은 정보를 보고 그들의 일부보다 나은 판단을 하여 3월 16~17일에 남은 자본 중 15% 정도를 남기고 30% 가까이 모두 추가투자를 했다. 전체 자본금의 15% 정도에 해당하는 현금 역시 한 달~두 달 사이에 전액 투자했다.

(이 패턴은 저점 근처에서 저점임을 모르고 가장 하락폭이 클 때 남은 자본의 절반 이상을 투자하고, 어느 정도 바닥을 다진 것을 확인한 후 나머지를 투자했던 2008년도 당시의 내 투자기록과 유사하다. 그 당시 나는 2007년 10월 정도에 주식을 전액 매도하고, 2008년 전체에 걸쳐서 코스피 900~1000 사이에서 바닥을 칠 때 1000 정도에서 매입을 시작해서, 주로 1100·1200 정도에 이르는 과정에서 100% 매수재개를 완료 했다. 지금 쓰고 보니 2008년보다는 2020년에 조금 더 날카롭게 판단한 것 같기는 하다.)

글로벌 수장만큼 많은 정보를 나 나름대로 보았다고 했는데, 억측과 오해가 있을까봐 정리하자면 나는 자료를 한글 위주로만 보지 않는다. 대체로 구글, 영어 베이스, 미국 등 외국자료를 위주로 보고(대체로 그대로 보거나, 너무 내용이 길면 페이지 자체를 그대로 번역해서 보거나) 한국자료를 보완적으로 함께 보되, 시야는 선진국 전문가들보다 훨씬 넓게 본다. 나는 세계를 하나의 지구본처럼 보기 때문에 선진국 폐쇄적 시야, 대륙 제한적 사고를 하지 않는다. 미국인은 미국 안에서 사고가 굳는 경향이, 중국인은 중국 안에서 사고가 굳는 경향이 있다. 이것은 버핏이 왜 애플이라는 종목에(미국 안에서 미국인들이 사랑하는 애플로고의 핸드폰

이라는 실물제품) 눈이 꽂혔고 죽어도 구글같은 기업은 그 가치를 판단할
수 없는지 명백하게 설명한다.(구글 투자추천은 전혀 아니다. 이 책 전체에 조금
씩 언급할 종목들은 적절한 사례로 썼을 뿐 나는 지금까지 살아오면서 구체적으로 한 종
목도 추천한 적은 없다.)

이런 관점에서는 스위스인이나 싱가포르인이 가장 유리하다. 사
실 한국인도 내수 위주의 일본인보다는 유리하지만 별로 열린 국제적
사고를 하지는 않는다. 나는 좀 독특한 배경이 있는데, 1986년 초부터
1987년 하반기까지 1년 9개월간 잠깐 일본 학교를 다니느라 일본 역
사상 최대의 버블이 한창 건실하게 자라나는 시기를 경험했었고(그 당
시 일본인 관점에서는 외국인이었던 나는 외국인아파트에 월세로 가족과 함께 살았는데,
프랑스, 헝가리, 태국, 가나 등 다양한 외국인들이 살았었고 가끔 동갑내기들과 놀았던 기
억이 난다. 오랜 시간이 지난 지금 일어는 거의 잊어버리긴 했지만 기본적으로 한국어,
영어, 일본어 등 삼 개 국어를 구사할 수는 있다.), 2008년 신혼여행을 해외로 다
녀온 뒤, 매년 두세 번씩 주로 동남아시아를, 아주 가끔 몇 년에 한 번씩
유럽으로 해외여행을 갔던 것도 부족해서, 2013년도부터는 아예 태국
과 필리핀 위주로 1년에 두 번씩 각각 한 달 정도씩, 한국인이 별로 없
고 유럽, 미국, 일본, 호주 등 다양한 국적의 휴양자들이 많은 비치와 호
텔, 쇼핑몰 위주로 휴양 및 쇼핑휴가를 갔다 왔기 때문에, 호텔에서 몇
주씩 휴식을 취하는 서양문화부터 동남아 중상층의 왕성한 소비를 볼

수 있는 초대형 복합 쇼핑몰 라운징 등 다양한 것을 경험할 수 있었다.

그 결과 나는 어떤 한국인보다도 동남아시아의 중상층(중산층 이상) 소비문화, 특히 필리핀을 중심으로 필리핀, 베트남, 인도네시아 등 고도성장 3개국을 포함하여, 그 외에도 싱가포르, 말레이시아, 태국 등 성장성은 떨어지지만 동남아 문화를 리드하는 3대 선진지역 등에 대해서 밝은 편이다. 특히 필리핀과 태국의 경우 매우 깊이 이해하고 있어, 해당 로컬 시민들이 주로 보고 영향을 받는 유튜브를 일정기간 깊이있게 본 경험도 있다.

내가 그런대로 국제적으로 열린사고를 할 수 있는 이유는, 본래 국적이나 대부분의 지역국가적 인습(현대적 관점에서도 가치가 있는 극히 일부의 전통은 매우 존중하지만)에 대해서는 별 가치를 두지 않는 성향도 있고, 청소년에서 대학시절까지 가장 영향을 받은 가치관이 동양적이기보다는 프랑스 기반의 실존주의 철학과 실존주의 문학, 미국 기반의 자유주의적 실용주의이기 때문이기도 하겠다.

(개인은 자신의 능력과 원하는 바에 따라서 국적을 선택할 수 있어야 하고, 국가는 개인이 원하는 것을 제공하기 위해서 국가끼리 경쟁해야 한다고, 원칙적으로는 그렇게 생각하는 자유주의자이다. 현재는 내 기반이 있는 한국이 제일 누리기에는 낫기에 국적을 바꿀 생각은 없지만 별장국가 개념으로 동남아 중 한 나라의 외국인영주비자도 갖고

있다.)

10년마다 무슨 주기가 온다고 철석같이 믿고 있는 것도 우습지만, 그것이 똑같은 형태와 똑같은 하락기간, 하락률로 온다고 생각하는 것이 버핏을 포함한 몇몇 글로벌 수장들(한둘이 아니다. 생각보다 3월 중순 저점 이후를 완전히 놓친 글로벌 수장들이 많다.)의 맹점이었다.

10년 전과는 달리 사람들은 스마트폰으로 모든 것을, 모든 정보와 모든 두려움과 모든 매도욕구를 동시에 공유하고 느끼고 실현한다. 즉 모든 것이 퍼지는 기간과 모든 것이 실현되고 해소되는 기간이 모두 빠르고 급격하다. 게다가 그것은 선진국만이 아니라 개발도상국도 이제 마찬가지이다. 스마트폰은 이제 싼 값에 보급되어 뉴스와 이미지만큼은 세계인이 일주일 내내 24시간 즉각적으로 본다고 할 수 있다.

그리고 10년 전과는 달리 알고리즘으로 매수매도하는 자동 퀀트펀드들의 비중이 매우 커졌다. (우리나라는 그 비중이 적으니 잘 몰랐겠지만, 미국 등 선진국이 비중이 상당해졌다.)

그런데 왜 같은 길이의 기간 동안 빠질 것이라고 생각했을까.

하기는 나 역시 같은 기간 동안 오래도록 3개월에서 6개월 동안 주식시장이 빠지기보다는 비교적 짧은 시간 동안 대체로 모두 빠질 가능성이 그나는 깊은 통찰을 해내기까지, 근 일주일간을 이린 저린 역사적인 히스토리와, 스마트폰의 보급률과 퀀트펀드의 비율, 그리고 글로벌 언론들의 호들갑이 심해지는 정도 등 다양하고도 근본적인 정보들을 흡수하고 소화하고 판단하느라, 잠도 늦게 자고 참으로 고민도 많이 했었다.

어쨌든 그 때의 판단은 2007년도 말, 2017년도 말과는 또 다른 형태로 나의 소중한 투자의사결정 판단과정의 경험이자 지혜로 다시 새겨졌고, 다음번에 무엇이 오든 간에 충분히 참고가 될 것이다. 히지만 항상 같은 것은 반복되지 않으며, 항상 다음에 오는 모든 것은 다음에 오는 그 시기(즉 현재 기준으로는 미래)에 맞는 고유한 배경과 조건, 그리고 또 다른 근본요소들이 있게 마련이다.

그것을 알아보지 못하면, 전혀 다른 게임을 기존의 낡은 규칙으로 임하려는 것과 같이 게임에 휩쓸리게 된다.

한 가지 답은 있다.

어떤 사태이든, 그 사태가 인간으로 인한 것이든 블랙스완 식의 예측불허의 것이든 간에, 그 사태를 받아들이고 대응하고 연쇄적으로 확대하고 또 마무리하는 주체는 결국 인간이다.

들어본 적이 있으리라. 곰이 쫓아올 때는 곰보다 빨리 도망갈 필요가 없다는 것을. 곰이 쫓아올 때는 동행자보다 빨리 도망가면 된다.

다시 말해서, 어떤 대형 시장변동 사태이건 다른 모든 인류보다 정확하게 보면 되는 것이지, 신처럼 볼 필요는 없다. 결국 대응하는 다른 대부분의 인간들보다 더 나은 대응을 하면 되기 때문이다.

다시 본론으로 돌아와서, 2020년 코로나발 시장폭락 저점 전의 내 투자통찰력(이것이 글로벌 투자운용자들의 장기수익률을 결정한다.) 수준은, 2017년 말보다 서너 배 성장해 있었고(그보다는 싱귤래리티에 접근하고 있다는 말이 더 어울린다.), 2017년 말의 투자통찰력은 또한 2011년의 내 투자통찰력보다 10배는 넘게 고도화되어 있었으며, 2011년의 내 투자통찰력은 그 당시 대한민국 최고의 가치투자 커리큘럼이었던 내 투자교육 내용보다 다섯 배는 고도화되어 있었다.

설명이 충분히 되었는지는 모르겠지만, 이러니 가치투자 4.0 버전을 값싸게 수백만원짜리 교육으로 제공할 수 없음은 당연하지 않겠는가. 내 목표가 가능한지 가능하지 않은지는 앞으로 두고보면 될 일이고, 만약 수십 년 후 자본금은 천 배가 넘게(30년 장기로 23%로 수익률을 내면 500배이다.) 커지고, 중간중간 거대자본의 피투자가 두어 번 있을 때마다 퀀텀점프식으로 규모가 커진다면 글로벌 금융 빅브라더가 될 수 있을 터인데, 그 결과의 1등 공신은 바로 가치투자 4.0 버전의 체계를 고도화한 내 노하우, 내 두뇌일 것이다.

그 정도의 부가가치를 낼 수 있는 가치있는 가치투자 4.0 버전의 내 체계를 활용해서 독자들, 즉 예비주주들과 내 자본을 함께 투자한 투자목적의 공동법인(3호 법인이다.)의 자금을 장기적으로 크게 불리고 빠르게 불려나가야 할 일이지, 통찰력 노하우를 공개하면서 교육이나 책을 낼 수는 없는 것이 당연하지 않겠는가.

(한편, 머스크가 테슬라를 세웠을 때 얼마나 많은 사람들이 비웃었고, 버핏은 가족과 친척, 오마하 시의 마을사람들의 돈을 모아서 조합을 여러 개 세우기 시작했을 때 버핏의 나이와 외모 그리고 형편없는 경력을 보고 못 믿을 사람이라고 생각한 사람이 얼마나 많았는지 아는가, 그에 비하면 나의 실력을 오래도록 신뢰하는 사람들은 적게 잡아서 천 명에 이르는데, 독자들은 어떻게 생각하는가)

다시 마무리하자면, 투자대상인 기업의 비즈니스, 소비자와 경쟁기업, 산업 등 투자를 둘러싼 본질적 주체들, 그리고 투자수익과 포트폴리오, 시장의 장기흐름 등 투자행위 자체들에 대해서, 점진적으로 하지만 가속적으로 자신도 모르는 사이에 모두 통찰하게 되었고,

오랜 기간 자신을 보수적으로 평가해왔으나 이제 고개를 들어 세계 최고의 투자자들과 투자기업, 그리고 펀드를 보면서 이윽고 자신이 가

장 나을 수 있다고 판단되는 여러 가지 결정적 단서들과 증거, 기반을 종합적으로 발견하게 되어, 사실상 21세기 지구의 투자성과를 가장 온전히 누릴 현인 중 한명이 될 수 있음을 깨닫게 되었다.

나는 향후 단위 두뇌행동 당 효과와 효율을 동시에 더더욱 못 따라올 수준으로 수십 년간 더욱 정진하면서 오로지 투자에만 집중할 것이다.

평소 꾸준히 점진적 성장과 발전을, 주기적으로 질적 레벨 상승을 통해(이것은 점진적 발전이 어느 정도 누적된 후 나의 경우에는 창의적인 휴가기간 동안 질적 레벨 상승 기획이 이루어진다.) 퀀텀점프를 이루어내는 과정이 될 것이고, 그 결과 내가 운용하는 모든 투자목적 법인은(결국 하나로 통합되겠지만) 장기적인 관점에서 대체로 세계에서 그때그때 가장 좋은 판단을 할 것이고, 그것을 목표로 한다.

그러므로 독자들께 3호 법인이라는 마지막 투자법인의(왜냐하면 4호 자본유치는 대중과 중견기업 오너들이 아니라, 글로벌 자본이 될 것이기 때문이다.) 기회가 곧바로 상반기에 있을 것임을 알린다. 연초부터 ㈜한국주식가치평가원 홈페이지에 공지할 것이니 독자들은 바로 접속해서 확인하실 수 있다. 상반기 중에 투자설명회 당일과 시간을 두고 그에 이은 주주발기인총회(주주가 되는 계약) 등 이틀간을 소요하게 될 것이며 일정은 모두 나왔다.

(한국주식가치평가원 홈페이지 공지사항을 확인하러 방문해도 좋지만, 그것 자체가 번거로운 독자이자 예비주주라면 공식메일인 customer@kisve.co.kr 로 투자설명회내용 송부신청을 하면 메일로 송부드릴 예정이다.)

투자설명회 자료 자체는 PPT 수십 페이지이지 밖에 안되지만 첨부 1, 2, 3을 포함하여 200페이지 가까이 되는데, 첨부2와 첨부3이 2021 년 초 발간된 4차 산업혁명, 동남아시아, 미리트렌드 분석보고서 내용 이 대거 포함되어 있으니, 투자설명회 자체에 관심이 없더라도 해당 자 료를 다운받아 마음껏 공부하기 바란다. 유료보고서였으며 내용이 매 우 좋다.

그것이 내가 운용하는 투자법인들의 비상장상태 유한기간 동안(이 를테면 7~10년) 온전히 모든 것을 누릴 수 있는 유일한 투자기회이며(이 미 1호법인과 2호법인 주주들은 모두 누리고 있는), 이는 비유하자면 초기 오마 하 시의 버핏에 투자한 일부 100명 이하의 투자자들처럼 극히 예외적 으로 열릴 초기의 액면가 투자기간이므로, 반드시 참여하기 바란다. (상 장시 보수적으로 PEG비율 0.7로 감안해도 PBR 2.8 가량이 나온다. 누적적으로 증가한 자본증가수익률이 10년 안에 6배가 될 경우 복합적으로 상장시 17배 전후로 시장가치가 증가한다는 말이며, 나중에 상장사 주주로 참여하는 것보다 초기 주주들은 그만큼 이미 이익을 가져간 후라는 뜻이다.)

아, 그리고 한 가지 더.

주주참여의 단위는 최소자금이 1억 이상으로 하고 천만 원 단위로 설정가능하며(1억 1천만, 7억 6천만 등), 신설될 3호 공동투자법인의 경우 회수기간에 대한 인센티브가 추가될 예정이다. 애초에 매년 상반기에 주주총회, 또 한 번 하반기에 주주간담회, 그 외 두 번의 공식 메일(시장 상황 및 수익률 등)을 보내드리는 대주주 커뮤니케이션에 온전히 주력하기 위해서는 너무 주주의 수가 과다하면 곤란하고, 법인자금 자체가 너무 적어도 곤란하므로, 1인당 주주출자금을 2억 원 이상으로 내부적으로 정하려 했다. 하지만, 10억 원 이상 자금여유가 있는 일부 예비주주들 외에는 실제 다수 희망자들이 1억 원 이내의 금융자산을 보유한 점을 고려하여 1억 원으로 낮춘 것이다.

(6천 만원 정도였던 1호와 2호법인 주주요건과 달리 공동출자 기본 단위가 올라간 것은 다소 송구하지만, 1호와 2호 법인의 2년간 성공 레퍼런스도 있고, 마지막 3호법인인데다가, 아래 회수기간에 대한 편리한 옵션이 생겼기 때문에 합리적인 수준이라고 생각한다.)

예컨대 나의 장기수익률이면 10년간 대략 보수적으로 6~8배의 자본증식이 기대되는데, 설립 만 10년 이내로 수익을 현금화할 현실적인 세 가지 시나리오가 있다.

첫째로 10년 내로 자체 상장(소형 상장사를 인수하는 방식으로)을 실현하여 15배~20배로 자본을 증식하고 상장 상태를 유지하거나(왜 그런지는 일단 PEG비율 0.7이면 PBR 2.8이므로, 최소한 상장효과 발생시 2.8배 전후로 자본가치가 상승하기 때문이다. 더불어 시장에서 매매가능한 유동자산이 된다),

둘째로 10년 내로 대형자본의 피투자 및 상장을 통해 15배~20배로 자본을 증식하고 같은 방식으로 유동화하거나,

혹은 셋째로 10년 기한 내로 자체적인 방식이나 피투자 방식으로 모두 상장하지 못하면, 법인 설립 목적 자체가 그러하므로 〈몇 년만 더 기다려서 추가수혜를 보고자 하는 주주의 지분비율〉과 〈만 10년 후 당장 자신의 지분 전체를 매도하고자 하는 주주의 지분비율〉을 정확히 투표를 통해 확인한 후, 전액 매도요구비율이 50%를 초과하면 3호 법인을 청산하고, 매도요구비율이 50%이하이면 매도자들의 주식을 3호 법인이 매입하여 자사주로 흡수하는 방식으로 현금화할 수 있다.

위 세 가지 시나리오대로 현금화하는 것이며, 이는 연초부터 투자설명회 사전안내자료와 상반기 중 투자설명회 당일 및 주주청약일에 주주약정서를 항상 공개하므로, 투명하게 확인할 수 있을 것이다.

6. 복제될 수 없는 가치투자 4.0 노하우

앞서 가치투자 4.0 버전의 체계와 노하우는 단돈 수백만 원짜리 교육으로도 제공할 수 없을 가치를 가지고 있다고 했다. 천 명을 교육한들, 겨우 수십억을 벌고 그 노하우를 너무 많은 이들에게 복제시켜주는 꼴은 벌이지 않겠다는 말로 들렸겠지만, 사실 복제시킬 수도 없다.

평범한 사람들이 원하는 것은 이런 것일 것이다.

복잡하지만 따라하기만 하면 누구나 할 수 있는 비법이라는 것이 있어서, 비법 자체가 복잡하기 때문에 우연히 독학으로 그 방법론을 발굴할 가능성은 없으며, 대가를 지불하고 그것만 배우면 누구나 같은 성과를 이룰 수 있기 때문에, 평범한 사람들도 같은 결과를 이룰 수 있는 그런 평등한 비법 말이다.

그런 것은 존재하지 않는다.

왜 변호사 시험을 통과한 사람들이 변호사 수입이 천차만별이고, 경영학 석사를 졸업한 이들이(물론 커리큘럼에 담긴 내용이 그렇게 구체적으로 실용적이지는 않지만) 창업을 하면 성공률과 수입이 천차만별이고, 왜 똑같은 미술교습을 바둑교습을 배웠는데 누구는 피카소가 되고 누구는 이세돌이 되지만, 대부분이 그렇게 되지 못하는가.

현명하신 독자들은 벌써 이해했으리라 본다.

가치투자 2.0이건 3.0이건 4.0이건 핵심은 같다. 그 체계와 방법론 자체는 복잡하지 않다. 사실 누구에게나 그런대로 오픈되어 있다고 할 수 있다. 하지만 그 체계와 방법론 자체를 완전히 체화한 수준(이것은 열심히 하면 누구나 할 수 있을 것이다.), 그 다음으로 어떤 상황이든 포괄적인 적용을 할 수 있는 수준으로 남들보다 훨씬 고도화한 수준(이것은 아무리 노력해도 비교적 소수만 할 수 있다.), 심지어는 그 방법론상의 맹점이나 부족한 점까지 모두 개선하여 한 개인이 방법론 자체의 수준을 넘어서거나 (방법론 속에서 살아가는 전문가들 전체를 넘어서는 것으로 이것은 극히 소수 천재만 할 수 있다.), 더 나아가서 이런저런 프로세스와 펀더멘털 요소 등 분석평가 기법을 딱히 갖다 대지 않거나 생각하지 않더라도 자연스럽게 직관스러운 판단이 서는 경지(이것은 초월하고 통달해야 하며, 이 경지는 해당 분야에서 세계적으로 열 손가락 안에 서는 수준이며, 성숙기에 갓 접어든 천재부터 가능하다.) 등 다양한 레벨이 있기 때문이다.

즉, 방법론이 아니라 레벨 자체를 올려야 하는데 그것은 대가를 받고 안 받고의 문제가 아니라, 자신의 잠재성의 크기, 그리고 그것을 현실화시키는 노력과 환경 등의 복합적인 문제인 것이다.

인간의 장기 중에 가장 복잡한(아마 지구상 모든 생물들의 장기 중 가장 복잡한) 것이 바로 뇌인데, 이 뇌의 생물학적 체계의 작동원리는 다음과 같다.

뇌 전체의 설계 원칙은 세부 구조의 복잡성보다 훨씬 단순하다.

뇌를 설계하는 방식은 단순하지만(뇌 설계 방식을 기본 이론으로 비유하자.), 그 뇌를 세부적으로 구현하는 세부 구조(뇌의 세부 구조는 이론을 복잡한 실제 사례 속에서 고도화한 노하우로 비유하자.)는 매우 복잡하다.

왜냐하면 뇌의 기본설계방식은 단순하지만, 그 단순한 설계방식을 따르는 유전정보가 반복적인 프랙탈식 과정을 통해 실제로는 몹시 다채롭고 엄청난 복잡성을 가지는 뇌의 세부 구조를 만들어내기 때문이다.

결론적으로 말하면 투자의 비법은 존재하지 않고, 투자의 주요 요소와 체계는 생각보다 누구나 이해할 수 있을 정도로 단순하다는 점에 있다.

누구나 무엇이 중요한지는 알지만 그 중요한 무엇을 결국 잘하는 사람은 극소수인 것이 바로 투자이다.

쉽게 말해서 투자 역시 스포츠, 미술, 음악, 학교 공부 등과 마찬가지로, 가장 잘 하는 것이 중요하지, 비법 따위 없다는 것이다. 오히려 남들이 하기 싫어하는 힘든 자영업, 힘든 제조업종 중소기업의 경우 다른 사람들, 다른 기업들보다 죽도록 열심히 하기만 하면 먹고는 살겠고 또 어느 정도 성공하겠지만, 투자는 그렇지 않다.

열심히 하는 것도 매우 중요하지만 그런 태도와 과정이 큰 비중을 차지하지 않는다. 3D 업종 종사자는 편하게 펜대를 굴리는 사무직을 꿈꾸고, 편하게 펜대를 굴리는(사실 편한 것도 아니지만) 사무직 종사자는, 심지어 금융계 전문인력들도 상사가 없는 전업투자자를 꿈꾼다. 물론 수많은 제조업 및 도소매 중소기업 오너들도 투자만으로 큰 돈을 벌고 싶어 한다. 그리고 극히 일부 성공한 진업투자자는 자신의 명예를(사회적 욕구) 빛낼 수 있게 투자회사를 차리고 싶어한다.

주식시장 참여자들의 면면이 이제 눈에 보이는가?

주식시장에는 어떤 국가든지 막론하고 이 지구상에서 가장 머리가 좋고 판단력이 좋은 사람들이 모여 있다. (물론 가장 호구가 되는 투자자들이 가장 비율상 많지만, 어쨌든 한 국가에서 가장 머리가 좋고 가장 정보력과 판단력, 통찰력이 좋은 사람들이 가장 다수가 모여 있는 곳은 주식시장이다.)

가장 편하게 돈을 벌 수 있다고 모두가 오해하고 있는데(이것은 절반은 사실이고 절반은 틀렸다.), 그 편하게 돈을 벌 수 있는 시장에 몰려든 사람들의 지적 레벨과 수준은, 치킨집을 차렸을 때는 물론이고 공무원 시험이나 사법고시 준비를 할 때의 경쟁자들과는 차원이 다르다.

지구 행성에서 가장 재능이 탁월한 무수히 많은 사람들이 자본시장에서 승부를 보려고 한다는 것을 안다면, 그 성과가 시장 평균을 장기적으로 초월하려면 그 중에서도 가장 탁월한 축에 들어야 한다는 것을 이해할 것이다.

그런데, 어떻게 누구나 할 수 있겠는가.

방법은 쉽고 그 방법에서 천재가 되기는 어렵다.

이것이 가치투자 4.0, 아니 가치투자 자체가 완전히 전수되지 않는 까닭이다. 가치투자 2.0 버전에서 가치투자 3.0 버전으로 전환하지 못하고 있는 버핏이지만 얼마나 자신의 아들에게 가치투자 2.0 버전이라도 전수하고 싶을까, 하지만 그것은 불가능하다. 가치투자 2.0 버전의 심층노하우도 전수는 불가능하다. 가치투자 2.0 버전일지라도 체계는 간단하고 내공 레벨이 주가 되기 때문에, 누구나 접근할 수는 있지만 소수만 통달하게 되기 때문이다.

P.S. 그나마 한국의 기업 경쟁력(부가가치와 비용구조)과 한국의 기업 환경(선진국, 개도국 사이의 확실한 중개자, 낮은 세율) 등을 감안해서 한국의 증시 장기전망이 그런대로 좋았던 2010년대 중반까지는 내가 가치투자

2.0을 직접 교육했으나, 인건비 등 기업 비용이 너무 증가하고 한국의 중개자적 지위는 무너지고 있고 세계선도산업에는 끼지 못하는 등 한국의 증시장기전망이 근본적으로 어두워진 2018년 이후에는 글로벌 선도산업, 글로벌 성장지역 이라는 두 가지 블루오션에 직접 장기투자하고 있을 뿐 교육에 주력하고 있지 않다.

이미 1호 투자법인을 세우기 위한 투자설명회 공지를 2019년 하반기에 할 때부터, 한국 주식이 아니라 글로벌 주식에 투자하기에는 보통의 한국 투자자들은 정보와 방법론상 열위에 있어서, 투자교육을 하기보다는 직접 나와 공동주주로 투자목적법인에 참여하라, 한국에서 버크셔해서웨이 이상의 투자법인이 나올 미래에 동참하라고 말해오고 있다.

2021년 3월에 2호 투자법인을 설립할 때도 같은 이야기를 했다.

그리고 변한 것은 없다. 독자들, 예비주주들에게도 지금 같은 이야기를 한다.

전수되지 못하는 가치투자 4.0 체계라면, 그 체계를 지구상에서 가장 높은 수준으로 선도할 목표를 가지고 과정을 지나가고 있는 류종현의 제 3호 투자법인에 공동주주로 참여하라.

그 참여의 결정과 과정 자체가 지구상에서 가장 현명한 투자행위일 것이며, 참여자 한 명 한 명이 현명한 투자자로서 자부심을 가질 만할 것이다.

7. 세상은 현명한 당신과 내가 함께 누릴 최상의 놀이터이자 콘서트장

나와 함께 하는 투자자들께서는 다른 모든 투자자들보다, 더 글로벌 추세, 미래세계 진화의 선구자, 수익향유의 주역이며, 보다 더 막대한 장기수익률의 결과로 인공지능과 유전학, 바이오 등이 싱귤래리티를 지날 때 수명연장의 비용을 마련할 수 있을 것이며, 무엇보다도 보다 더 시대의 천재와 이해관계를 함께 하는 현명한 구조설계, 실행자들이며, 쉽게 말해서 지구상 모든 투자대상 중 매우 우수한 장기수익률과 주주 수익구조, 주주 이해합치 등 삼박자가 가장 모범적으로 균형잡힌 투자의사결정을 한 것이다.

익사이트가 초창기 구글을 인수하지 못한 것, 블록버스터가 초기의 넷플릭스를 인수하지 못한 것 등은 실제로 닥치지도 않고 있지도 않은 수많은 잠재리스크만 침소봉대하다가 거대한 기회를 날려먹은 기업계 역사상 큰 실수라고들 한다. 물론 오마하시에 같이 오래 살았으면서도 버핏이 초기 7개의 두자조합을 언이어 만들 때 끝까지 반신반의하던, 버핏의 주주가 되지 못한 오마하 시민들도 가장 어리석은 선택이라 할 수 있는, 비교적 확실해 보일지라도 그것이 십수 년 후 실제 결과로 확실할 때까지 선택을 지연하는 주저함을 보였고(한편, 십수 년 후 비로소 검증된 버핏의 입장에서는 왜 그들에게 기회를 주겠는가? 검증된 버핏에게는 더 좋은 기회들이 널렸는데), 결국 초기에 투자한 일부 오마하 시민들이 천만장자(백억 대) 억만장자가(천억 대) 될 때에 그것을 바라만 봐야 했다.

(솔직히 말해서, 나도 내가 아니라면 류종현이라는 인물의 공동투자법인에 금융자산 태반 이상을 투지했을 것이다. 공부도 안 해도 되고, 마음고생도 할 필요도 없이, 누적수익률이 가장 좋다면 이게 최고로 현명한 투자다.)

기업계 역사상 가장 큰 성공이지만, 정말 초기에는 아무것도 내세울 것이 없는, 기지와 실력뿐인 대학중퇴자 스티브잡스에 투자한 마이크 마쿨라, 한 작은 가계의 권리에 투자하여 세계제국을 이룬 맥도널드 회장 레이 크록과 스타벅스의 하워드슐츠의 사례, 당시 재기와 열정만 가득했던 적자투성이 기업이던, 아무도 투자하지 않아 오늘 망할지 내일 망할지 알 수 없던 마윈의 알리바바에 투자하여 2500배 수익을 낸 손정의 등을 보면, 결국 대단한 투자수익으로 이어지는 것은 대단한 안목뿐이다.

마찬가지로 독자들, 즉 예비 3호 법인 주주들은 연평균 22% 혹은 그 이상의 장기수익률로 10년마다 5~8배의 속도로 자본을 늘려가면서, 향후 3~8년 이내로 1조원을 피투자받아서(이 때 기존 주주들의 가치산정 추가수익률은 일시에 2.5배~3배가 목표), 수십 년 복리투자수익의 결과 수천 조원에서 경원 단위 까지의 기업가치를 이루어낼 류종현의 100년 역사상, 가장 저평가된 가장 벤처 시기의 나를 보고 있는 것이며, 류종현이라는 사람에게 공동주주로서 투자하고 또 주주총회와 간담회 등 가까이서 지켜볼 수 있는 짧고 희소한 기회를 마주하고 있는 것이며(출간될 즈음에는 이미 공지 중이며, 독자들은 한국주식가치평가원 홈페이지를 확인하거나, 메일로 설명회자료를 신청하시라) 1호 법인 주주들과 2호 법인 주주들은 현명하게도 이미 누적수익은 물론이고 희소한 기회마저 획득하고 향유하고 있는 셈이다.

고객의 요트는 어디에 있는가? 오르던 내리던 매매수수료만 가져가는 중개인의 요트, 오르던 내리던 기본수수료를 떼 가는 운용사 펀드 매니저와 판매사 은행 간부의 요트는 있는데 고객의 요트는 어디에 있는가?

당연히 고객의 요트는 없다. 왜 그럴까? 고객 대접을 받으려고 하기 때문이다.

요트는 주주에게만 돌아간다.

다시 말한다.

요트는 주주에게만 돌아간다. 고객에게 돌아가지 않는다. 불합리해 보이지만 어떻게 잘 생각해보면 전혀 틀린 말은 아니라는 것을 알게 될 것이다.

고객은 사탕발린 말과 기분 좋은 대접을 받고 그 대신 돈을 지불하는 존재이지, 왜 고객이 돈을 벌 거라 생각하는가? 고객은 돈을 내는 존재이지 돈을 버는 존재가 아니다. 병원에서도 영어학원에서도 자동차대리점에서도 심지어는 당장 돈을 벌기 위해 다니는 자격증 학원과 공무원시험 학원에서도 고객은 돈을 내는 존재이지 돈을 버는 존재가 아니다.

요트를 가지기 위해서는 고객이 아니라 주주가 되어야 한다.

하지만 잃지 않는 주주가 되기 위해서는 투자를 아주 전문적으로 잘 해야 하며, 그런 존재는 세상에 사실 그리 많지 않다. 아무나 될 수 없다는 말이다.

나는 1호 법인주주들, 2호 법인주주들은 물론 독자들, 즉 3호 법인 예비주주들을 고객이라 생각하지 않는다. 고객이 왕인 세상에서 나는 평생 고객을 두고 산 적이 없다. 나는 어떤 이의 위에도 있지 않지만 어떤 이의 아래에도 있지 않다. 가치관 자체가 청소년에게도 반말을 하지 않고 위에 서려고 하지 않지만 대통령이라도 반말을 허용하고 내 위에 설 수 있게 허락하지 않는다.

나는 세상의 중심에 서서히 하지만 비선형적이고 가속적으로 다가가는 중이며, 이 나의 행보에 이해관계를 같이 하여 함께 이득을 나눌 주주들을 구할 뿐이다. 주주와 나는 상하관계가 아니고, 이해를 같이 하는 수익 동반자이다. 주주와 나 사이에 따로 중개자 즉 미들맨은 필요없다.

류종현이라는 사람은 자신의 지혜를 믿어주는 주주들과 자기 자신을 위해서, 버핏을 넘어서는 무한 진화를 거듭하는 과정 중에 있으며, 변화, 혁신, 세대교체의 시기에 100%에 가까운(99%가 목표) 승자분석 및 예측을 위해서, 많은 원천정보를 수집하여 다차원적인 분석과 다중관점적인 추론을 통해 크고 작은 통찰에 이르고 있다.

그러므로 그 목적달성을 위해서, 그 목적을 달성하는 크고 작은 과정의 모든 완수를 위해서, 그 과정마다의 완수와 성공이 이어지는 과정 자체의 즐거움을 위해서, 슈퍼 엘리트, 즉 슈퍼 통찰력을 가진 슈퍼 휴

먼이 되려는 자는, 기존의 관행과 체제, 틀에 전혀 구애받지 않는 유연한 사고와 드넓은 생각을 가져야 하며, 원하는 요소들의 조합으로 자신만의 세계관과 태도를 가질 수 있어야 하고, 표면적인 세상 너머를 꿰뚫어보며 자신의 생각대로 움직이고 또 업계의 규칙 자체를 재구성할 수 있고 또 필요하면 그렇게 해야 한다.

빌 게이츠와 스티브 잡스가 그랬으며, 워런 버핏이 젊었을 당시에 그랬었고, 일론 머스크가 지금 그런 듯하다. 나는 이제 시작이며, 나의 실력과 본색은 아직 드러나지 않았다. 니는 현재 실적을 내고 있으면서도, 아직 계속 스스로를 구성 중이기 때문이다. 완성되지 않은 나는 대기만성형이다.

8. 지구 위의 다른 투자대가들보다 나은 투자자

길게 쓰지 않겠다.

나는 아직도 실물 경제 기반으로 사고하는 워런 버핏보다 더 미래를 밝은 눈으로 길게 보며, 글로벌을 보기는 보지만 주로 미국 내수 중심으로 사고하는 워런 버핏보다 넓은 세계 즉 지구 전체를 본다. 그의 안목에는 미래가 결여되어 있고, 글로벌이 결여되어 있다. 그의 포트폴리오에는 현재 그리고 미국이 가장 크게 보이고 그것은 결함이다. 그리고 그 결함으로 2000년대 전체에 들어서 지난 20년간 수익률은 좋지 않다. 1990년대 초반까지는 그가 옳다. 하지만 1999년 이후에 계속 옳지 않다. 사실 1999년 정보산업 버블은 완전한 버블이 아니었고 지금의 아마존, 구글 등을 태동시키는 산업라이프사이클 주기 상의 필요한 버블이었으며, 그것은 마치 포드와 GM이 미국 자동차 산업을 장악하기 전 수백 개의 자동차기업들이 난립해 있던 자동차업종 주가 버블시기와 비견할 만하다. 오래전 이야기이기는 하지만.

아크펀드 캐시우드는 미래기술에 매우 밝다. 인정할 만하지만 미래기술에 매우 밝은 것이 전부이다.

다시 말하지만 미래기술에 매우 밝다. 그 이외에는 말할 것이 없다.

즉 과거와 현재에서 이어지는 미래를 보지 못하고, 미래 자체에 너무 시야각이 좁아져 있다. 현재와 미래를 잇는 장기적인 실질적 안목은 부족하고, 테크트리의 흐름 자체에 몰입해 있다.

투자자는 기술을 알아야 한다. 특히 점점 더 그렇다.

하지만 투자자는 기술을 가장 잘 반영해야 하는 것은 아니다. 역학관계에서 그래서 누가 이길 것이고, 그래서 누가 고객을 끌어들이는데 성공할 것이며, 그래서 누가 업계를 지배할 것인가가 핵심인데, 개시우드는 주로 미국을 보느라 글로벌을 놓치며(버핏과 공통적인 대륙의 편협한 눈가리개를 쓰고 있음) 미래를 보느라 현재와의 이어지는 시장확장 부문을 좀 못보는 느낌이다.

선진국뿐 아니라 글로벌 관점에서 이 부분은 내가 낫다. (그래서 오마하류 두 개 투자법인의 투자종목들 중 한국주식은 거의 없다. 아니, 지금 현재는 한 종목도 없다.)

내게는 한국에 국한하지 않고, 세계적으로 그리고 주요 글로벌 지역국가들의 집합인 섹터 별로, 어떤 산업들이 충돌하고 어떤 기업들이 충돌하고 그 과정에서 어떤 기업들이 다른 기업들의 힘을 모으거나 수요자들의 지지를 얻으며(미국인의 지지가 아니라, 미국인을 포함한 전 세계인을 기준으로 평균적인 태반 이상의 지지), 결국 어떤 산업이 더욱 강한 통폐합의 주체가 되고 어떤 기업이 위에 올라서게 될지, 가장 현실적인 역학관계 시나리오가 머릿속에서 가능하며, 이 부분에 대한 조언이나 자문은 평생 누구에게도 해줄 생각이 없다.

지구상에 고유한 나만의 능력과 통찰력이며 가속적으로 강화해 나갈 생각이기 때문이다.

마찬가지로 소프트뱅크 그룹 전체의 전략보다 내가 이길 게임을 하는 법에 더 정통한 듯하다. 전체적으로 탁월한 방향으로 투자함에도 불구하고, 전체 투자금 중 상당한 비중이 몰린 일부 섹터들을 보면, 어디에 투자하고 누구와 누구를 연합시켜야 필승하는지 내게는 보이는데, 조금 더 작은 기업, 조금 더 주변 국가에 투자하여 연합시킴으로써 현실적으로 힘든 승부를 보이고 있는 부분이 몇 군데 보인다.

다소 비싸게 사더라도 이길 곳에 투자해야 하고 다수 지분을 많이 확보하지 못해서 좌지우지하지 못할지라도 이길 곳에 투자해야 한다. 위태로워 보이는 역전극이나 3등 혹은 4등이 1등으로 되는 과정은 매우 놀랍고 또 감동적이지만, 경기장이 분리되어 있지 않은 산업군에서 이기기 어려운 싸움을 여럿 진행하는 것보다는 그 에너지는 더 부가가치가 높은 곳에 쓰는 것이 낫다.

소프트뱅크 회장의 시간과 에너지도 매우 가치있기 때문이다.

아주 살짝만 언급하자면, 미래 비즈니스를 누가 독과점 할 것인가 (지금 보통 사람들에게는 충분한 단서가 드러나지 않았을 지라도), 그리고 지역을 넘어서 글로벌확장성을 가진 서비스, DNA, 전략을 가진 기업은 누구인가를 나는 누구보다도 정확하게 통찰하고 판단하고 선정할 수 있다. 그것은 나의 탁월한 강점이며 주주들은 나와 그 강점의 수혜를 오래도록 누릴 수 있을 것이다.

생각보다 길게 써버렸다.

하지만 중요한 것은, 필요한 것은 대략 설명을 하되 바다를 끓이지 않는 것이다. 라면 하나를 끓이자고 바다를 끓일 수는 없지만(맥킨지 컨설턴트들의 격언이다.), 미리 구상해놓은 뼈대에 저술할 당시 생각나는 것들만은 적어나가야겠기에 내용이 좀 길어져도 퇴고시 삭제하지 않고 남겨두고자 한다.

반대로 생각하면, 추후 더 많이 설명하고 싶은 마음이 생겨도 결국 중요한 것은 머릿속에서 초반에 80% 이상 나오기 때문에, 일필휘지, 한 번에 정리한 지금까지의 내용 정도만 설명드려도 나의 현명한 예비 주주들, 현명한 독자들은 나에 대해서 알아야 할 만큼 알아나가고 있을 것 같다.

함께 오래 공동주주로 확실히 통찰력 있고 중장기 수익률을 위해 정확하면서도 묵직한 투자를 잘 할 수 있는지 일단 맛보기만 알면 된다. 중요한 세부적인 사항들은 어차피 투자설명회에서 모두 밝혀질 일이다.

지금까지 1호 법인 설립시, 2호 법인 설립시 모두 그랬다.

9. 펜싱 칼끝 같은 시간과 에너지 절약, 심플리 아웃소싱

지금은 비서가 필요없지만(사람을 부리는 데도 체계, 시간과 에너지가 소모된다. 돈은 중요하지 않다.), 비서를 부리는데 드는 시간과 에너지보다 절약되는 시간과 에너지가 커지는 시기가 되면(몇 년 후일지가 문제이지 반드시 올 것임) 비서를 구해야 할 것 같다.

지금 현재는 웬만한 필요한 기능은 일종의 요소적 비서를 쓰고 있는데, 이를테면 유료 글로벌뉴스 구독, 구글 어시스턴트, 60여 개의 웹사이트가 상시 펼쳐져 있는 스마트폰과 태블릿 pc(이 둘은 자료를 주고받을 수 있게 서로 연동 등록되어 있음) 등이 그렇다. 그리고 사람을 보기보다는 통화를 하지만 사람을 봐야 할 때에도 대체로 양평으로(존 템플턴이 바하마 섬에서 글로벌투자를 했듯이, 버핏이 사막 위주 네브라스카주 오마하시라는 소도시에서 미국 제일의 투자펀드를 운용하듯이, 나는 양평에서 손바닥을 펼치고 세계를 통찰한다.) 모시는 편이고, 내가 주로 손님을 맞이하는 편안하고 한산한 식당과 전망좋고 생각이 탁 트이는 넓은 카페가 모두 정해져 있어서 나는 이동경로와 시간허비가 많지 않다.

하지만 시간문제일 뿐, 몇 년 내로 실제 인간 비서가 한 명 필요할 것이 확실해 보인다. 대형 자본의 피투자를 받게 되면 잡무가 생길 수 있고, 계약당시부터 모든 업무조건을 내게 맞춘다고 할지라도 결국 생길 수밖에 없는 필수 잡무들은 해당 업체가 파견한 총무직원과 별도

개인 비서를 통해 해결해야 한다. 나의 두뇌를 잡무에 할당할 수 없기 때문이다.

나는 한국이라는 지역적 범위를 넘어서는 뛰어난 재능과 통찰력을 가진 하나의 거대한 깔때기에 가깝다. 이 거대한 깔때기에 가치있는 자원들을 투입하고 더욱 부가가치가 극대화된 결과물을 끊임없이 뽑아내면서도, 내 몸과 정신에 무리가 가지 않게 하기 위해서는(스티브 잡스는 무리가 갔다. 일론 머스크도 내가 보기에 무리가 가고 있으며, 나는 다른 보다 고도화된 절충 전략이 필요하다.) 내가 읽었던 무수한 저자들 중 신뢰하는 지에 따르면 자본, 아이디어, 단순 정보, 관리시스템 등을 모두 레버리지해야 한다.

일단 어느 정도 기간은 나의 자본뿐 아니라 함께 불려줄 공동주주들(1호 법인과 2호 법인의 70여 주주들, 그리고 3호 법인예비주주들인 독자들)의 자본, 그리고 임계치가 지난 후에는 글로벌 대형 자본의 투입으로 기존 주주들의 자산가치를 대폭 확대시키는 동시에 유동화시키는(상장기업화) 과정이 있어야 하는 등, 나의 자본에 타인 자본을 함께 가져가는 레버리지가 공동으로 이익을 향유하는 모두의 목적달성기간을 조금이나마 단축시키는 것이다.

또한 엘리트 중의 엘리트로 구성된 나의 이사진(1호 법인과 2호 법인 설립시 이미 선정되었고, 이들이 자연스럽게 레벨이 올라가도록 셀프 육성 중이며, 그 과정을 내가 보완해주고 있는 중이다.)들과 함께 각종 산업, 경제, 기업들과 기술들에 대한 아이디어(무엇이 전망이 좋아졌으며, 기존 무엇이 위태로워지고 있다는 등)를 공유하고 논의함으로써 아이디어 발상과 피드백에 대한 시간과 에너지 로스를 줄이고 효과는 극대화할 것이며, 특히 규모가 커지고 나면 별도의 정보원(언론 계통이든, 금융 계통이든 아직 정해진 바는 없다.)을 두어 나와 이사진들이 아이디어를 생성해나갈 땔감이 되는 정보를 직접 무수히 수집하면서도 별도의 정보원을 통해 때때로 대략으로 가치있는 정보를 흡수 및 활용해 나갈 것이다. 몇 년 혹은 그보다 더 이후의 이야기이지만 플랜을 짜두었다는 것을 예비 3호 법인 주주들에게 밝히는 바이며, 여러분들에게 3호 법인을 제안하는 나의 계획과 1, 2, 3호 법인을 통합한 류종현 투자그룹의 비전을 알려드리는 바이다.

시스템 역시 아웃소싱할 계획인데, 이는 대형자본의 피투자가 이루어질 때 소위 경영지원과 관리업무(단순세무작업이나 단순소모품 관리 등을 말하는 것이며, 투자자본의 매매와 모든 투자관련 비용처리는 내가 직접 담당한다. 투자자본의 흐름을 일개 직원에게 노출할 수 없다.) 등을 말하는 것이며, 파견된 총무직원 정도와 내가 요청한 별도 개인비서 등의 인력을 통해 시스템 작업은 최소화할 것이다. 어차피 버핏의 버크셔해서웨이처럼 별다른 업무는 없는 투자회사아닌가, 별로 복잡할 것 없다. 7개 투자조합을 운영하면서 수천 억 대로 운용자산이 불어난 버핏이 집의 침대와 책상에서 종일 일하다시피한 형태에서, 결국 사무실을 계약하고 사무실로 매일 아침 기어나왔던 이유는, 자료가 집에 너무 날아다니고(주로 사업보고서, 신문 등 넘치는 종이) 전화를 자주 쓰기만 하는 형태에서 누군가와 만나야 할 일이 생길 정도로 펀드가 커졌기 때문이듯이, 나 역시 규모가 커지더라도 별다른 변동은 없다. 기본에 충실하고 핵심인력들만 소통한다. 나머지는 자본이 커지는 만큼 심플한 시스템에 지원업무를 넘긴다. 단, 금융사고를 방지하고 기밀을 유지하기 위해서 금융투자자본은 어떤 직원에게도 맡기지 않는다.

10. 이중의 기하급수, 환경, 밸런스 등 만리 길을 갈 채비

내가 지금부터 향후 수 년 이상에 걸쳐서 고려할 것은 이중의 기하급수적 사고, 통합적인 환경, 그리고 보다 건강한 밸런스 등이다.

그 중 첫 번째로 이중의 기하급수는 기하급수적 증가속도 자체가 기하급수적으로 증가하는 것을 말한다.

무가치한 정보들 중에서 가치 있는 정보의 선별적 흡수(선택과 집중), 그럼에도 불구하고 상시 많이 흡수되는 정보들이 기존의 초거대 지식 창고집단과 상호작용하면서 가장 맞는 층 가장 맞는 칸에 배치된 후 그 일부가 되는 것, 체계적으로 고도화한 압축 과정을(단순화) 거쳐서 뇌가 과부하가 걸리지 않도록 개별 지식창고들이 차례차례로 보다 적은 질량 지혜로(일단 노하우의 형태가 되면 개별 수치와 정보들의 저장 필요성이 극도로 줄어든다.) 전환되는 과정이 점점 빨라지는 것이 기하급수적 지혜의 성장이다.

정보 선별력이 더 까다롭고 빨라지며, 지식의 입력이 자동적으로 되고, 지식 지혜 중 지혜의 비율이 임계치를 넘어서게 되면, 새로이 입력한 지식들도 이미 아는 지식으로 인식 및 처리(생략)될 수 있는 등 그 과정은 점점 빨라지기 때문이다.

그런데 기하급수적 성장 자체가 기하급수적 성장을 띤다면(이것이 레리 페이지가 말하는 싱귤래리티의 꽃 중의 꽃에 해당하는 개념), 인간에게는 어떻게 가능할까?

내가 볼 때는 걸음걸이가 빨라지는 것을 넘어서, 걸음의 보폭 자체가 커져야 하며 걸음을 뒤에서 밀어주는 환경이 받쳐준다면, 기하급수적 성장 자체가 얼추 기하급수적 가속이 붙을 수 있다고 본다.

걸음을 뒤에서 밀어주는 환경은 인간적 환경과 물리적 환경으로 나눌 수 있는데, 인간적 환경은 같은 생각의 크기를 향해 나가는 사람들끼리 나선형 발전과정을 통해 사고확장을 도돌이표식으로 서로 밀어주는 것을 말한다.

기타 물리적 환경까지 지혜와 통찰의 형성을 돕고 가속화하는 쪽으로 전환되는 개념은, 내 발목을 잡지 않고 나를 밀어올려줄 물리적 환경, 내 방, 내 연구실은 물론 내 집, 내 일상 등이 모두 조화되는 것을 말한다. 향후 수년긴 개선 및 개조를 할 계획이다.

한편, 걸음의 보폭 자체가 커진다는 것은, 생각의 크기 자체를 인간종의 한계를 넘는 것을 말한다. 다소 명상 속에서의 통찰, 철학적 사고 속에서의 창발적 깨달음에 가까울 수 있겠으며, 일단은 나의 과제로 남겨 둔다.

마지막은 밸런스이다.

빨리 갈 사람은 혼자 가고, 멀리 갈 사람은 함께 가라고 했다.
앞서 말했듯이 나는 총 서너 명으로 구성된 집단으로 만리 길을 나아갈 것이나, 시간적으로도 멀리 가려면 건강해야 한다.

술과 담배를 하지 않고 양평이라는 전원지대에 주로 살고 있으니 심장, 혈관, 폐, 노화 등은 문제가 없는데, 한 가지 과제가 생겼다. (급한 과제는 아니다.)

코로나 때문에 미루었던 건강검진을 받았는데 이 정도로 뇌가 과부화된 것은 수치상 잘 못 본다고, 뭐 큰 문제가 있는 것은 아니지만 머리를 많이 쓴다는 것 자체가 본인은 몰라도 뇌가 스트레스를 받을 수 있다고, 머리를 좀 많이 식혀야 한다고 의사 조언을 들었다.

시간을 두고 생각해본 그 말의 의미는, 너무 많은 지식 활동과 너무 많은 판단, 적지 않은 프로젝트를 구상하고 있다는 말인데, 이제는 기본적인 기업내용만 읽어도 얼추 장기 성장성에 천장이 막혀 있는지 천장이 뚫려 있는 장기미래 고성장기업인지 직관적으로 판단이 서는 만큼, 뇌 활동에 밸런스를 주고도 남들보다 빠르게 앞설 수 있는 단계가 된 것으로 판단된다.

삼사일에 한 번이 되었든, 하루 근무시간 중에 한두 시간이 되었든, 보다 비울 수 있는(마치 위장을 비우고, 난로 연통을 비우듯이) 더 자연스러운, 좋은 활동과 계기를 좀 고민해봐야겠다.

바로 그것이 나와 내 부인, 1호 법인 주주들, 2호 법인 주주들, 그리고 독자들 중 일부인 3호 법인 예비주주들 등을 오래도록 큰 부자로 만들면서도 그 모든 것을 가능하게 하는 나를 돌보고 나를 더 건강하고 지속성 있는 가장 진화한 도구이자 주체가 되게 하는 유일한 방법이기 때문이다.

독자들과 예비주주 그리고 내게 브라보, 우리들의 공동투자법인, 자산, 건강과 미래에 브라보, 더 나아가서 크게 늘린 자산을 활용해 부분적으로 수명연장에 이르기까지 모두 브라보.

존경하는 독자들 겸 현명한 개인투자자들께 나는 분명히 이 책의 출간과 함께 동참의 기회를 드렸으며, 바로 여기 주주 제안에 대한 역사적 기록을 남기는 바이다.

더불어 4월 투자설명회 및 주주청약일, 5월 법인설립완료를 위한 공지를 1월에 홈페이지를 통해 할 것인데, 한국주식가치평가원 홈페이지 공지를 확인하셔도 되고, customer@kisve.co.kr로 투자설명회 안내 신청 메일을 한 번만 보내시더라도 바로 받아보실 수 있다.

말씀드렸듯이, 투자설명회 자료에는 유료로 2021년 초 발간된 4차 산업혁명, 동남아시아, 미리트렌드 분석보고서 내용이 대거 포함되어 있으니 마음껏 공부하기 바란다.

앞서 저술한 1부 내용은 2012년부터 스테디셀러였던 〈대한민국 주식투자 완벽가이드〉 본문으로, 가치투자 2.0 버전의 원칙과 이론 자체는 변화가 없기에 일부 문구 수정과 편집을 제외하고는 그대로 싣는다.

2012년 말에 저술한 것으로, 그 당시 나의 투자통찰력의 20%가 정도가 투자교육과(특히 주식가치평가 부문) 본서의 1부 내용 등에 잘 녹아들어 있다. 독자들께서는 1부 내용인 가치투자 2.0 체계의(버핏의 수익성 기업 가치투자) 가이드를 다 읽고 나시면, 당시 2012년 말 류종현의 투자통찰력 100%와 2017년 말에 대략 그보다 열 배 정도 성장한 류종현의 투자통찰력, 그리고 2018년~2021년도를 거치면서 거기에서 또 서너 배 이상 성장하면서 싱귤래리티에 접근하고 있는 현재 류종현의 투자통찰력을 그려보실 수 있을 것 같다.

그런 연후에 독자로 그칠 것인가 예비주주로 동참할 것인가에 대해서 보다 더 판단이 잘 서리라 기대한다.

P.S. 두 번째 챕터인 가치투자 4.0 출사표가 추가되었지만, 책값은 기존 〈대한민국 주식투자 완벽가이드〉 정가 16,800원에서 30%나 인

하한 12,000원이다. 본서는 책으로 돈을 벌고자 함이 아니라, 심도 깊은 내용 대비 보다 편안한 가격으로 많이 읽히는 것이 목적이기 때문이다.

독자들의 즐겁고 자각이 따르는 일독이 되기 바란다.

:: 실전가치투자 온라인 교육 소개

　　주식투자를 통해 지속적이고 안정적이면서도 상대적으로 높은 수익률을 창출하기 위해서는 '주식투자의 체계(격자구조)'를 배우고 이에 따라 투자해야만 합니다.

　　그리고 유망한 관심기업의 사업모델을 이해하고 재무손익비율을 입체적으로 이해하며 적정주가를 스스로 산정할 수 있을 때 비로소 수익률이 극대화되는 것입니다.

　　왜냐하면 사업구조와 재무손익비율, 가치평가 능력은 주식투자자에게 마치 날개를 달아준 것과 같이 자신감과 안정감, 그리고 탁월한 성과를 약속해주기 때문입니다.

또한, 평가원은 보다 많은 투자자들을 만나고 지방 투자자들에게까지 교육을 제공하기 위해서, 국내 최고로 인정받았던 오프라인 가치투자교육 모두를 2016년부터 온라인 강의로 전환하여, 보다 쉽고 편하게 평가원의 강의를 수강하실 수 있습니다.

1. 정통 재무분석 완성 과정 [동영상 교육과정]

※ ㈜한국주식가치평가원 홈페이지에 방문하시면 교육 수강후기를 확인하실 수 있습니다.

대주제	세부 주제
주가(주식가치)와 재무분석 1일차	재무제표, 재무분석의 실전적 정의, 재무분석의 목적, 기업가치 이해 (안정성, 수익성, 성장성 등 내재가치) 및 경영(및 재무)활동 가치상승구조 (사업, 자산, 매출, 비용, 레버리지, 나선형 성장, 순익) 기업(재무 포함)활동과 주가 : 기업설립(사업) - 전략 및 활동 - 재무 및 실적 - 주가 기업(재무 포함)활동과 3대 재무제표 관계 이해 4대 재무손익비율 관계 이해(안정성에서 성장성까지 각 비율의 중요도 및 순서) - 안정성 재무비율의 핵심의미, 내재가치 관련 역할, 한계점 - 수익성 재무비율의 핵심의미, 내재가치 관련 역할, 한계점 - 활동성 재무비율의 핵심의미, 내재가치 관련 역할, 한계점 - 성장성 재무비율의 핵심의미, 내재가치 관련 역할, 한계점 기업활동에 따른 투자수익률 이해 - 기업활동과 투자수익률 기본(ROIC, ROA, ROE, 소수주주 및 대주주 매력도) - 높은 주가상승률의 기업필요조건, 매우 높은 주가상승률의 기업필요조건 재무분석 개론 종합

주요 재무제표 및 세부 재무항목 심층 이해 2일차	재무상태표, 포괄손익계산서, 현금흐름표 등 재무제표의 간결하고 체계적인 이해 (기업의 설립/활동 이해를 통해, 3대 재무제표 의미 및 관계 명확히 확립) 재무상태표 종합 이해 자산, 부채, 자본 각각 종합 이해, 주요 항목별 핵심의미, 영업/비영업 계정 구분 등 - 유동자산(당좌, 재고) 세부항목, 비유동자산(투자, 유형, 무형) 세부항목 - 유동부채 세부항목(영업부채, 이자발생부채), 비유동부채 세부항목 등 - 자본금, 자본잉여금 / 이익잉여금 / 자본조정 및 기타포괄손익누계, 지배지분 자본 손익계산서 종합(수익과 비용) - 매출액 / 매출원가 및 매출총이익 / 판관비 및 영업이익 (2대 비용의 차별적 성격) - 지속성 있는 영외손항목 / 순환하는 영외손항목 - 법인세비용 및 당기손익 (이익변동성 제거 기술, 버핏 실질 주주이익 개념 설명) 현금흐름표 종합(발생주의와 현금주의의 쉽고 명확한 개념정리) - 영업활동, 투자활동, 재무활동 현금흐름의 주요항목별 유기적 이해 (재무손익 관련) - 기업의 성장단계별 현금흐름 유입, 유출특성 / 기업성장단계 중 투자적격단계 설명 분식회계 감지법 (매출채권, 재고자산, 영업권 및 개발비 등)
고급재무비율 분석 및 투자수익률 이해 3일차	재무비율 통합 이해 - 8대 고급재무비율의(기본 4대 재무비율) 유기적 이해 및 주식투자수익률 관련 설명 기업 사례(3개 기업)를 통한 8대 고급재무비율 (기업활동 순서) 의 체계적 이해 (재무, 유동, 이익률 및 수익률, 회전 및 현금화, 단기영업, 장기영업) - 안전성 재무비율의 핵심 이해 및 고급구분, 주요비율 구체적 기준 수치 등 - 수익성 재무비율의 핵심 이해 및 고급구분, 주요비율 구체적 기준 수치 등 - 활동성 재무비율의 핵심 이해 및 고급구분, 주요비율 구체적 기준 수치 등 - 성장성 재무비율의 핵심 이해 및 고급구분, 주요비율 구체적 기준 수치 등 8대 고급재무비율의 종합정리 및 체계적인 1PAGE 재무손익분석 작성법 설명 - 과거 재무손익흐름, 주가 상승을 위한 현재~미래 재무손익이슈 등 일목요연 FRAME

IFRS 완전정복 및 지배지분 활용
 	
4일차
	IFRS 개괄 (기준과 특징, 투자자 영향, 연결재무제표 도입, 종속기업 이해)
	
	IFRS 기준 3대 재무제표 (재무상태표, 포괄손익계산서, 현금흐름표 변화 및 중요 포인트, 지배지분 등 간결한 완벽이해, 기타포괄손익, 주석정보의 증가와 활용법)
	
	재무제표 개별 항목 주요 변화(GAAP 대비 IFRS 변화) 및 가치평가 기준(지배지분) 정리
	  - 금융자산, 환율, 자산재평가, 매출인식, 재고자산, 영업권, 개발비
	지배지분의 활용
	  - 지배지분의 중요성과 구성 이해(지배기업, 종속 일부, 관계 일부)
	  - 재무 및 실적, 주가산정 등 지배지분 활용 이해

정통 재무분석 Frame 설명 및 고급재무분석 실습, 각종 투자지표와 KISVE스크리닝
 	
5일차
	정통 재무분석 Frame 설명 및 제공 (한국주식가치평가원 실전재무분석 프레임, 고급 8분해)
	
	상장사(들)에 대한 재무분석 프로세스 실습
	  - 관심기업들의 재무손익 고급분석 요령
	  - 관심기업들의 유기적 재무손익 추이분석, 내재가치 상승을 위한 핵심 재무손익지표 등
	본질적 투자지표(수익률과 복리) 및 부가적 투자지표(대주주 매력도)가 주식수익률 좌우
	본질적 투자지표
	  - 수익률과 복리 : ROIC(IC증가), ROA, ROE, 유보율/재투자율의 유기적 관계와 공식의 의미.
	부가적 투자지표
	  - 대주주 매력도 : EV, EBIT(D)A, EV/EBIT(D)A의 실질 의미와 용어(공식)의 의미
	한국주식가치평가원 전문 스크리닝 툴 설명
	  - 기업수익률, 주주수익률, 소수주주 및 대주주 등 지속가능한 투자수익률을 위한
	가장 뛰어난 스크리닝 툴 (일목요연하고 쉽게 실전적 의미 및 공식 안내)

2. 정통 기업분석 완성 과정 [동영상 교육과정]

※ ㈜한국주식가치평가원 홈페이지에 방문하시면 교육 수강후기를 확인하실 수 있습니다.

대주제	세부 주제
내부자 기업활동 이해 및 사업보고서 (심층사례분석) 1일차	기업가치와 비즈니스 시스템 (비즈니스 시스템 >고객 부가가치 >수익창출 >내재가치) 비즈니스 시스템 이해 - 연구개발, 제품기획, 제품조달, 제품제조, 영업 및 판매, A/S 등 유지관리 등 활동별 핵심개념 정리, 재무제표 수치사례, 사업보고서 및 홈페이지 참조 사례 제시 기업별 KSF(핵심성공요인) 구분 투자자가 알아야할 사업보고서 구조 및 주요 항목 이해 - 사업보고서 이해과정(사업, 경쟁력, 스프레드, 영업자산, 자본배분, 주주친화, 인적자산 분석 등) - 실제 기업사례를 들어 사업보고서의 고급분석 프로세스를 쉽고 구체적으로 훈련 (항목별로 사업보고서 대조 및 심층해석 설명)
워런 버핏 및 필립 피셔 분석툴 (심층사례분석) 2일차	워런 버핏과 필립 피셔의 실제 기업분석 스타일과 기본프레임, 개인투자자 시사점(교훈) 워런 버핏의 기업분석 3분류와 10항목 마스터(실제 투자대가 관점 강의) - 사업, 재무, 경영 3분류별 10가지 항목의 유기적인 이해 - 10개 각 항목별 사업보고서, 홈페이지, 재무자료(네이버 금융, FN가이드 등) 실제설명 필립 피셔의 기업분석 3분류와 15항목 - 사업, 재무, 경영 3분류별 15가지 항목의 유기적인 이해 - 15개 각 항목별 사업보고서, 홈페이지, 재무자료(네이버 금융, FN가이드 등) 실제설명 워런 버핏과 필립 피셔의 기업분석 정리(업력, 수요와 성장성, 자본수익률과 주주이익존중)

**평가원
심층 기업분석
프로세스
(심층사례분석)**
 	
3일차
	'KISVE 심층 기업분석 프로세스(5~6단계)' 체득을 위한 실제사례 분석
	(각 프로세스 별 실제 사업보고서, 재무손익 데이터, 홈페이지 및 코참비즈 등 자료분석)
	- 기업스크리닝 (안전, 수익성 / 매출 및 자산 성장성 / 투자수익률 등)
	- 비즈니스 분석 (회사연혁과 업계현황, 제품과 원재료 비중 및 가격, M/S, 판매처
	  와 매입처, 매출추이 및 가동률, 생산설비 및 연구개발 투자)
	- 계열회사 확인 (계열회사 비중 및 순익추이, 상장-비상장 공통 재무손익비율 검토)
	- 지배구조 검토 (최대주주, 자사주 및 배당, 임원)
	- 직원 및 기타 주의사항
	- 간단 재무분석 및 실적분석 (재무, 영업, 영외손익, 현금흐름 분석, 경기사이클
	  기업활동 이해에 따른 실적분석법)
	(한국주식가치평가원 약식 Frame 제공, 실전분석에 활용할 최고의 도구)
	기업분석 추가포인트(각종 증자)

**기업분석 정보체계
및
내부자 경영전략,
고급분석 도구**
 	
4일차
	기업분석 정보체계 및 의미(주가, 오픈된 정보인 2차 정보, 현장정보인 1차 정보,
	주가와 1, 2차 정보간의 유기적 관계)
	단계별 자료 참조 실습(실제 어디로 접속하여 어떤 자료를 얻는지 구체적 심층설명)
	- 2차 정보 (사업보고서, 증권사 리포트, 정보의 창고인 기업 홈페이지, 업종협회, 업
	  종신문, 경영경제 통계자료 직접수집 및 분석, 각종 연구소의 질 높은 자료)
	- 1차 정보 (장점과 유의점, IR담당, 매장, 기업현장, 경쟁사 및 전후방업체 IR 담당 등
	  1차 정보의 종류 및 특징)
	내부자 경영전략 단계 (기업외부환경, 기업포지션, 제품 등 유기적 관계) 이해
	내부자 관점 기업분석툴 (외부환경에서 기업의 입지, 제품전략에 이르기까지 사례
	분석)
	- 3C 분석, 5 Force 분석 및 실제기업사례, 경쟁전략에 따른 교차 SWOT,
	  PPM 기본분석 및 심화분석
	기타 실전분석툴
	- 트렌드 분석(변화의 원인), 이익방정식(투자기업의 일목요연한 이익분해)으로
	  실적개선추정, 손익분기점 공식 간단이해 및 업종별(변동비형, 고정비형)
	  주가 영향

광의적 기업분석 격자구조 (대가, 해자, 독점) 완성 및 정리 **5일차**	광의적 기업분석 격자구조 완성(기업분석 대가 배우기, 경제적 해자와 독점 분석) - 필립 피셔 (사실수집, 투자기업 분류, 주식시장의 힘, 피해야 할 잘못, 성장주 발굴법) - 랄프웬저 (소형주의 실질매력과 리스크, 산업/기술의 수혜, 강소기업의 핵심 지지대) - 폴 오팔라 (인간욕구 이해가 기업이해에 선행, 루머가 아닌 관찰 중심, 기업의 특별한 경쟁우위, 연차보고서에 숨은 고급정보 읽기, 명품기업의 조건) - 경제적 해자 (해자의 정의와 원천, 무형자산, 고객전환비용, 네트워크, 원가 우위 심층분석, 해자의 침식) - 독점의 기술 (경쟁우위보다 독점우선, 자산독점, 상황독점, 독점 방어벽과 흥망성쇠) 정통기업분석 과정 총정리

3. 주식가치평가 종합완성 [동영상 교육과정]

★ 고급상대평가**(실적조정)** 및 절대가치평가 밸류에이션 과정

※ ㈜한국주식가치평가원 홈페이지에 방문하시면 교육 수강후기를 확인하실 수 있습니다.

일정	대주제	세부 주제
1일 1강	**재무분석, 기업분석, 상대절대가치평가 개괄**	기업가치의 특성 (물건-현금-상품-기업) 기업가치 상승구조 및 순서 (사업, 자산, 매출, 비용, 레버리지, 나선형 성장, 순익) 기업(재무 포함)활동과 3대 재무제표 관계 이해 / 4대 재무손익비율 관계 이해 기업가치 이해 (안정성, 수익성, 성장성 등 내재가치) 및 기업활동과 주가 : 기업설립(사업) - 전략 및 활동 - 사업보고서와 실적 - 주가 기업활동에 따른 투자수익률 이해 - 기업활동과 투자수익률 기본(ROIC, ROA, ROE, 소수주주 및 대주주 매력도) - 높은 주가상승률의 기업필요조건

		주가와 기업가치의 관계 (자본수익률과 할인율, 이익의 안정성, 지속성, 성장성)
		- 자산가치, 수익가치, 성장가치 등을 모두 포함
		주가와 기업가치평가의 이해(자본 및 이익기반 가치평가, 현재가치, 할인율, 성장률)
		기업의 가격변동성(주식 한 주의 가격, 기업전체 가격, 내재가치) 및 경기변동형, 경기비변동형 사례
		가치평가(적정주가 산정)의 목적(복리투자수익, 1회성 투자수익 및 복합수익률)
1일 2강	재무분석 및 기업분석 핵심 (참고사이트 포함)	재무상태표, 포괄손익계산서, 현금흐름표 등 재무제표의 간결한 이해 (기업의 설립/활동 이해를 통해, 3대 재무제표 의미 및 관계 명확히 확립)
		재무제표별 항목 이해 (중요 영업관련 항목, 발생주의와 현금주의, 기업 성장단계 지표)
		각종 재무비율 의미 (안정성/수익성/활동성/성장성의 기본의미와 중요도)
		IFRS 핵심이해 (연결시기와 종속기업), 밸류에이션 기준 수치(지배지분 자본, 순익)
		기업분석 개괄(분석의 이유와 분석 기반자료 등)
		사업보고서 구조 및 주요 항목 (사업, 주주구성, 관련기업, 임직원 등)
		한국주식가치평가원 기업분석 프로세스 핵심 (5~6단계 체계적 프로세스)
		기업분석 부가훈련(각종 증자, 하이브리드 사채) 및 정보사이트
1일 3강	고급상대가치평가 (실적/배수 조정) 및 절대가치평가 (할인율 등) 개괄	가치평가 핵심개념 및 실전공식 등 의미설명(주주기준, 기업기준, 수익률 기준)
		적정주가산정(가치평가) 도구 이해 (하나의 체계적인 프레임으로 쉽게 이해)
		- 가치평가기간별 3방식, 가치평가방법 3방식, 가치평가주체 3수준
		- 가치평가 기준이익 혹 자본의 기준수치(언제 수치를 쓸 것인가) 결정
		상대가치 이해 및 고급상대가치
		- 기본적인 배수법 및 실적 변동 이해 / 복합비교

		고급 재무손익추정법과 실적조정법 - 비용률의 심층적 이해와 KISVE 전문(체계적, 간단) 실적조정법 - 경기변동성을 합리적으로 제거한 실적조정(영외손익 뿐 아니라 영업손익까지) (주가를 좌우하는 재무손익지표들은 누적성과 순환성에 따라서 이분. 실제로 순환성을 따르는 몇 지표들을 체계적으로 조정하여 합리적인 실적을 이해) 절대가치평가법 개념 이해 - 배당모형 연금법, 내재가치와 할인율, 절대가치평가 결과 할인율 범위, 상대평가배수 대비 할인율의 의미 등
1일 4강	고급 상대평가 (실적, 배수 조정) 사례/실습	본격 상대가치 훈련(현재실적과 현재배수 대신, 조정실적과 복합비교 배수법) 조정실적(기본 : 영외손익 조정, 고급 : 경기변동/비변동 따른 영업사이클 조정) 복합비교 배수법(중급 : 역사적 밸류에이션, 고급 : 필요시 기타 업종내 비교) PER – 심층이해를 통한 실전 상대가치 PER (보조지표 PCR) / PSR – 실전 상대가치 PSR PBR – 청산시 자산항목별 간단계산비율, 한국주식가치평가원 입체 PBR(수익가치 프리미엄) ROE(듀퐁 3분해, 변동성 한계) – 한국주식가치평가원 고급 3분해로 유지가능한 ROE로 조정 전문 PEG비율(공식 심층이해 및 활용 요건) & 전문 템플턴 5년이익 PER EV/EBIT(D)A 의미와 활용(강력한 보조지표) / 조엘 마법공식 & 한국주식가치평가원 절대 Screening

2일 1강	배수법 절대가치평가 심층이해	배수법은 표면적으로 상대가치, 근본적으로 절대가치(절대할인율 관련 넓고 깊은 이해) 절대할인율 - 할인율 실전/공식 이해, 채권성 우량주 할인율 범위, 전 종목 할인율 범위 절대 PER - 배수법 이해 및 절대가치화, 할인율과 성장률, 금융공학과 투자대가 의견 PCR - PER의 보조지표(발생주의와 현금주의) 절대 PSR - 심층 이해 및 분해, 경기변동고려 각종 비율 조정법 간단이해 PBR (청산가치) - 재무상태표 항목별 공정가치(청산 위한) 산정 이해 절대 PBR(수익가치-입체분석) - 강력한 툴, 한국주식가치평가원 입체 PBR(자본수익률, 재투자율, 할인율 및 성장률) PBR 프리미엄의 근거, ROE (듀퐁 3분해, 한국주식가치평가원 조정 3분해 혹 7분해), EV/EBIT(D)A 효용 및 취약점, 계산법 등 (CAPEX의 주기성과 워런 버핏, 맥킨지)	
2일 2강	신조류 (절대평가) 평가법	RIM (DCF의 진화, RIM 개념 및 효용, RIM과 간단연금법 RIM 공식 및 사례 설명) 올슨모델 (초고급 RIM, 평균회귀, 지속성계수), 주주귀속현금흐름 모델(맥킨지, 버핏과 KISVE) EVA와 MVA (기업기준의 RIM 유사 개념, 참조) 행동재무론 (비합리 행동, 반전 및 모멘텀)	한국주식가치평가원의 정통 실전투자이론 교육을 통한 효과 - 그간 핵심적인 내용에 있어서는 베일에 쌓여있던 심도 깊은 이론들을 일목요연하고도 쉽게 이해함 - 최종적으로, 강력한 자신만의 몇 가지 무기를 습득하기 위한 자연스러운 사고의 확장 과정을 거침

2일 3강	주요 업계 평가법 (절대평가) 및 주식시장 수준평가 (고평가/저평가)	존 템플턴 (숫자, 확률의 투자자, 5년 주가이익 배수법, 성장주와 평균회귀), PEG (피터 린치, 과거분석, 핵심이익 모니터), M&A 가치평가 2 사례, SOTP (의 미, 유의), KISVE 절대(입체) PBR (ROIC, ROE 심층분해) 조엘 그린블라트 (마법공식 개념 이 해, 장단점) 워런 버핏 평가(흐름, 연금, 효율배 수법) 설명 한국주식가치평가원 절대평가 Valuation (사업, 수익, 절대평가 안전마진 및 대 주주 매력도) 주식시장 수준평가 (세 가지 근본 적인 방식으로 주식시장의 고/저평가 판단)	한국주식가치평가원의 정통 실 전투자이론 교육을 통한 효과 - 그간 핵심적인 내용에 있어 서는 베일에 쌓여있던 심도 깊은 이론들을 일목요연하 고도 쉽게 이해함 - 최종적으로, 강력한 자신만 의 몇 가지 무기를 습득하기 위한 자연스러운 사고의 확 장 과정을 거침
2일 4강	주식가치평가 종합완성 전용 (상대절대평가 연동) 밸류에이션 엑셀파일 실습	주식가치평가 종합완성 전용(고급상대평가 및 절대평가 연동) 엑셀파 일로 실제 관심기업의 영업, 영외손익을 조정(외국계 기관 수준), 고 급상대평가 및 절대가치평가를 직접 경험하여, 관심종목의 적정 주가(가치평가)를 더욱 구체적으로 이해. (실적조정치 연동, 모든 고급상대평가/절대가치평가 방식으로 계산, KISVE 지재권)	

4. 가치투자운용 전략전술 완성 과정 [동영상 교육과정]

※ 본 교육 과정은 주식시장을 거시경제적으로 해석하고 주식시장의 고/저평가를 판단하며, 개별 종목 수준을 벗어나서 주식 종목들 및 기타 자산 포트폴리오(주식을 중심으로)를 계량적으로 완벽하게 관리하기 위한 교육과정입니다.

대주제	소주제	세부 주제
가치 투자자의 거시경제 이해/분석/ 대응 <효과적인 거시경제 가치투자 전략>	거시 경제, 주식시장 순환/ 결정요소 1일차	주식시장의 장기수익률(VS 기타 자산) 경기순환(소비, 생산, 설비)과 주식시장, 주기(4년, 10년 등) 인간의 욕망과 장기거시경제, 주식시장 근본 중장기결정요소 주식시장과 거시경제의 시간/방향차이와 역발상 대응 경기침체? 경제성장률의 속도! 경기순환 변곡점 중요 경기순환 주기들과 주식시장 순환, 경기순환 변곡점의 역발상적 예측 주식시장 순환(업종) 및 시장흐름
	인플레, 금리, 환율, 소비 등 거시투자 전략 2일차	인플레 및 금리(주식 유리, 채권),인플레 형태(수요, 임금)와 금리인상 재정, 조세, 금리, 유동성 정책 상대적 저금리 하 물가상승(생산, 소비)과 인플레이션 발생 예측 중장기 금리변동(결정) 요인 및 금리 활용 주식비중 조절 주식/소비/금리의 관계, 금리순환에 따른 주식/채권 수익률 순환 환율의 결정원리 외환 수요공급, 환율의 등락과 실물경제, 주식시장 글로벌 경기등락/환율/원자재 추세(달러/주식 대비) 활용 역발상투자 소비지출발(發) 경제사슬과 소비자지출 전년비 증가율 소비자 심리의 본질, 고용지표의 후행성, 소비선행지표 인플레& 금리

최고의 포트폴리오 수익률을 위한 <계량 가치투자 최적 포트폴리오 완성>	주식시장 등락과 계량가치 운용 핵심체계 3일차	주식시장의 중장기 등락 원인 주식시장 상승세/하락세 초기와 말기, 기회이자 위험 주가변동성 주가변동 요소, 불확실성과 단기편향성 거품과 폭락의 원인, 소비자/기업/정부, 주식시장 폭등락과 블랙 스완 체계적/비체계적 변동성의 기회와 현명한 투자자(분산, 초과수익) 성장률/시총/배당률/경기변동성과 베타, 다양 베타 분산필요성 등 종목, 포트폴리오의 중기적 주가변동과 우발성(블랙스완) 대응방안 포트폴리오 단기, 중기, 장기수익률 요소 베타의 한계와 효용, 안전마진, 미스터 마켓과 팻테일 현상 균형잡힌 포트폴리오, 중심/기타 자산 해외주식(직접, 간접, 환율) 및 국내외 채권(직간접, 환율) 투자요령 운용전략(자산배분)과 운용전술(리밸런싱), 투자성과순환과 역발 상대응 포트폴리오 성과를 위한 주식/기타자산, 적정 수준의 리밸런싱 원칙
	리스크 통제, 역발상 계량운용 및 자신만의 투자 스타일 4일차	손실위험/가격변동성의 개념, 손실위험/가격변동성의 양적, 질 적 통제 주가등락차이 기준 주식 세그먼트들 경기등락과 주식 세그먼트별 주가등락, 계량가치지표 저평가 경기순환단계별 주식시장 등락, 금리순환과 주식시장(및 부문) 등락 경기/금리순환과 부문별 역발상투자 글로벌 주식시장 순환과 개별 국가의 주식시장, 글로벌 계량가 치투자 스타일별 계량가치투자의 핵심요소 구분 보수적, 적극적, 평균적 계량가치투자 스타일(전형) 자신만의 투자시스템 개념, 투자시스템 개인화 완성(계량,거시,전략)

전문가 추천

"어느 분야에서 정상에 오른다는 것은 정말 축복받은 것이다.
더욱 축복받는 것은 그 정상에 오른 사람과 함께 한다는 것이다.
여러분들이 류대표의 지식과 경험을 공유한다는 것은 정말 축복받는
것이다."

- 가톨릭대 경영학부 **김종일 교수**(한국기업평가원 수석자문위원, 한국/미국공인회계사,
McKinsey Valuation 대표역자, 前 굿모닝신한증권 임원 등)

"지금까지의 주식투자 및 가치평가 교육 중 수준과 내용, 모든 면에서
최고이다."

- 스틱인베스트먼트 **엄상률 상무**(前 삼성전자)

"KISVE의 투자교육으로 당신의 투자실력은 노도광풍처럼 성장할 것
이다."

- 하이투자증권 파생상품운용부문 **박형민 이사**

"투자실패의 근본적 원인을 알고 싶다면 류대표의 실전투자교육이 반
드시 필요할 것이다."

- 저축은행중앙회 **최병주** 이사

"전문적인 주식(기업)가치평가를 정통으로 배우려면 필히 류대표의 투자교육을 받아라."

- 이스트브릿지 파트너스 김기현 상무

"개인투자자들이 기관투자자 이상의 투자체계를 체계적으로 쉽게 확립할 수 있는 방법은 한국주식가치평가원 류대표의 강의 외에는 없다."

- 유리자산운용 펀드매니저 이은원 과장(前 VIP투자자문)

"공인회계사조차 인정하는 가치평가와 IFRS 부문 최고 전문가인 류대표님의 강의에 집중하라."

- 양원모 공인회계사(現 서울기술투자, 前 이상기술투자 투자팀장)

"류종현 대표님의 강연은 기업가치 평가와 IFRS의 깊이 있는 실전이론을 배울 수 있는 시간이 될 것이다."

- 현명한투자자돌의모임 구도형 대표(가치투자 재야고수 좋은습관)

"대한민국 주식투자자가 기다려온 완벽하고 수준높은 최고의 실전 커리큘럼이다."

- 한국감정원 기업가치평가처 박재홍 차장

"어느 열매가 달지 안 달지 판단하는 도구는 오직 KISVE에서만 찾을 수 있다."

- 삼성경제연구소 **안현섭** 선임연구원(前 ADL 계열 컨설턴트)

"류종현 대표님의 투자교육을 통해 워런버핏의 영구보유종목을 가려 내는 눈을 떠라."

- 김기현 기술사업화 연구위원(前 삼성전자, 기술과 가치)

"실전과 이론을 정통으로 섭렵한 류대표님의 강의는 주식투자자들에 게 정말 강력한 도구를 제공할 것이다."

- SNU VALUE(서울대 투자동아리) 前 회장 **황인혁**

"워런버핏, RIM, DCF 등 주식가치평가를 가장 탁월하게 전문적으로 이해하는 강사에게 배워라."

- 우리은행 본점 여신감리부 김형원 차장

"류종현 대표는 기업가치평가의 낭중지추로써 장차 투자대가들과 호 흡을 같이 할 것이다."

- 포스코 본사 송민석 총괄(중국소재 계열사 부사장)

싱귤래리티 투자자의 출사표
가치투자 4.0

1판 1쇄 발행 2022년 1월 10일

지은이 류종현
펴낸이 류종현
펴낸곳 ㈜한국주식가치평가원

대표전화 070-8225-3495
팩스 0504-981-3495
주소 (135-821) 서울시 강남구 학동로 311
홈페이지 www.kisve.co.kr
이메일 customer@kisve.co.kr
출판등록 2012년 4월 16일 제2012-000143호

정가 12,000원
ISBN 979-11-87648-05-5